초등 공감 수업

평생 행복을 이끄는 공감육아의 기적

초등
공감 수업

· 윤옥희 지음 ·

메이트북스

메이트북스 우리는 책이 독자를 위한 것임을 잊지 않는다.
우리는 독자의 꿈을 사랑하고,
그 꿈이 실현될 수 있는 도구를 세상에 내놓는다.

초등 공감 수업

초판 1쇄 발행 2020년 1월 17일 | 초판 2쇄 발행 2020년 4월 10일 | 지은이 윤옥희
펴낸곳 ㈜원앤원콘텐츠그룹 | 펴낸이 강현규 · 정영훈
등록번호 제301-2006-001호 | 등록일자 2013년 5월 24일
주소 04607 서울시 중구 다산로 139 랜더스빌딩 5층 | 전화 (02)2234-7117
팩스 (02)2234-1086 | 홈페이지 www.matebooks.co.kr | 이메일 khg0109@hanmail.net
값 15,000원 | ISBN 979-11-6002-270-4 03370

이 도서의 국립중앙도서관 출판시도서목록(CIP)은 e-CIP홈페이지(http://www.nl.go.kr/ecip)에서
이용하실 수 있습니다.(CIP제어번호 : CIP2019053715)

어떤 경우든 부모의 태도가
아이들의 가장 효과적인 교사 역할을 한다.

· 아미엘(철학자) ·

차 례

2017년 가을, 인터넷 포털 네이버에 포스트 연재 요청을 받으면서 '마음 읽기 공감육아' 시리즈를 시작했습니다. 포스트 연재 1년 만에 100만 뷰가 훌쩍 넘을 정도로 많은 관심을 받아서 보람이 컸고, 부모들이 아이에게 '공감'하려는 노력을 얼마나 열심히 하는지 느꼈습니다. 그래서 강연과 상담 외에 '부모와 소통하는 채널을 넓혀보자'는 생각으로 오디오클립 '육아대학 공감학과'와 '윤옥희의 윤교육TV'를 진행하고 있고, 이번에는 『초등 공감 수업』이라는 제목으로 책을 내게 되었습니다.

요즘 초등학생들은 공감능력이 부족하다는 말을 많이 하지요. '공감'이란 "당신 상황을 알고 기분도 이해합니다"라는 의미인데요. 아이들은 학업 스케줄이 워낙 많아서 자기 마음을 들여다볼 시간조차 부족하다보니 친구 마음까지 살필 여유는 더더욱 없는 것이 안타깝기만 합니다.

부모와 대화할 시간도 부족하니 힘들 때도 '짜증'이나 '화'로 표현할 뿐 진솔한 감정을 표현하거나 수용받지 못하니까 더더욱 그렇지요. 공감능력이 낮으면 친구 처지에서 생각해보는 능력이 부족해져 갈등이나 다툼이 자주 생기고, 좋은 관계를 맺기가 쉽지 않습니다. "성격에 맞는 친구를 사귀기가 얼마나 힘든지 몰라요"라고 걱정하는 초등 부모가 많은데요. 그렇다면 아이의 '공감능력'을 키워주세요. 친구의 입장에서 생각해보고 배려할 줄 알면 성격은 달라도 '마음이 맞는' 친구를 사귈 수 있습니다.

　이 책의 부제는 '평생 행복을 이끄는 공감육아의 기적'입니다. 부모가 공감할수록, 아이에게는 평생 행복할 수 있는 힘이 생긴다는 것인데 왜 그럴까요? '공감'한다는 것은 한창 자라는 아이가 자기 관점에서 바라보는 세상을 부모가 함께 바라보고, 더 나아가 그 세상으로 발걸음을 내딛는 것입니다. 아이가 실수하고 실패하고 넘어질 때도 공감의 시각으로 바라보면 '비난'보다는 '위로'를, '비교'보다는 '이해'를 할 수 있게 되니 '엄마, 아빠는 내 편이야'라는 강한 믿음이 생기게 되지요. 그런 믿음이 있는 아이는 거센 추위가 닥쳐도 마음의 온기로 자존감이 높아져 거친 풍파가 몰아쳐도 흔들릴지언정 꺾이지 않는 힘이 생깁니다.

　공감을 많이 받은 아이는 학교에서도 반짝반짝 빛납니다. 부모의 따뜻한 눈빛과 말로 흠뻑 적셔져 자신을 긍정적으로 바라볼 줄도, 사랑할 줄도 아는 아이는 친구가 거절해도 '이유가 있을 거야'라고 생각하며 '자신'에 대한 거절이 아니라는 것도 아는 단단함이 있어요. 거절해야 할 때는 친구 마음을 살피며 '표현'하는 배려심도 있으니 인기 만점일 수밖에요! 친구들이 "너는 왜 이런 것도 못 하니?"라고 비교해도 "난 못 하는 게 있지만 잘하는 것도 있어"라면서 자기 능력을 믿는 '자기효능감'도 높습니다.

초등학교에서는 모둠 활동이 많아져 친구 말에 귀 기울이면서도 자기 의견을 적절히 표현할 줄 아는 게 중요한데, 공감능력이 높은 아이들이 이런 면에서 강점을 보입니다. 학교에서 자신감을 갖고 인정받는 경험을 해본 아이가 사회에서도 적극적으로 자기 역량을 펼칠 수 있어요. 기업에서 중요하게 여기는 능력도 창의성과 인성, 융·복합능력, 협업 역량, 커뮤니케이션 역량 같은 것들인데, '공감능력'이 부족하다면 빛을 발하지 못하겠죠?

저는 석사과정에서 미래 교육을 연구했고 박사과정에서는 평생교육학과에서 교육학을 전공하며 아이들이 미래 인재로서 역량을 높이려면 무엇을 길러야 하는지 많이 느끼고 경험했어요. 그래서 부모들을 만날 때마다 앞으로 더더욱 중요해질 역량이 단연 '공감능력'이라고 강조합니다. 공감능력은 인간만의 고유한 능력인 만큼 기술이 침범할 수 없는 '황금 스펙'이기 때문이죠. 공감능력을 기르는 게 얼마나 중요한지 고개가 끄덕여지나요?

공감의 물을 먹고 자란 아이들은 공부에서도 빛을 발합니다. 공부는 목표를 이루기 위해 계획하고 집중하며, 자기를 조절하는 인내심을 기르고 지식과 정보를 '내 것'으로 만들기 위해 노력하는 '실행'과정입니다. 칭찬과 인정을 받으며 잘해보고 싶다는 내적 동기를 기른다면 '자기조절'을 할 수 있게 되고, 이런 아이는 학년이 올라갈수록 공부 저력을 발휘할 수 있어요. 삶에서 크고 작은 과제를 만났을 때도 잘 헤쳐 나가 인생을 주도적으로 살아가면서 행복한 어른이 되는 밑바탕을 다질 수 있습니다.

공감능력은 연습하면 높아질 수 있어요. 이 책에는 '아이의 마음을 읽는 법'과 아이와 함께 실천할 수 있는 다양한 공감연습법을 담았습니다. '과잉 공감'을 하지 않도록 잘못된 행동을 했을 때는 한계를 지어주고, 실패를 겪으면서도 스스로 일어서본 경험으로 "난 잘할 수 있어"라는 진짜 자신감을 키우는 방법도 소개했어요. 부모 스스로 힘든 마음을 들여다보며 자신을 이해하고 사랑할수록 아이에게도 더 따뜻한 시선을 보낼 수 있기에 부모 감정을 돌볼 수 있는 '셀프 공감법'도 다루었습니다. 우리 아이에게 평생 행복의 기적을 만들어주고 싶다면, 지금부터 '초등 공감수업'을 시작해볼까요?

윤옥희

부모에게 공감을 많이 받은 아이들은 학교에서도 반짝반짝 빛이 납니다. 공감능력이 높으면 친구 말에 귀 기울이고 배려하는 '예쁜 눈치'가 있어요. 감정을 수용받아보고 표현해볼 기회가 많았던 경험을 징검다리 삼아 친구 감정에 다가가 머무를 수 있기 때문이지요. 부모에게 감정을 이해받고 힘들 때 위로받으며 마음의 온기가 채워진 아이는 "난 소중한 존재야"라며 자신을 긍정적으로 바라볼 수 있어요. 우리 아이의 평생 행복, 부모의 따뜻한 눈빛과 말 한마디에서 시작됩니다.

1교시

평생 행복을 이끄는
공감육아의 기적

공감받는 아이가
행복한 이유

공감은 어려움을 딛고 일어설 수 있도록 더 나은 방향으로 삶을 이끌어나가게 합니다.

초등학생인 딸이 일곱 살 때였어요. 집에서 글을 쓰고 있는데 아빠랑 놀던 딸이 방문 밑으로 종이쪽지를 밀어 넣었어요. 거기에는 이렇게 쓰여 있었습니다. "엄마 쉬는 시간에 불러." 쪽지에는 아이의 어떤 마음이 담겨 있었을까요?

● 아이의 생각 ●

- 엄마는 일할 때 집중해야 해!
- 엄마가 힘들지 않게 살짝 내 마음을 표현하자!("엄마 일 끝나면 놀고 싶어요.")
- 엄마의 상황과 감정에 공감하니까 기다릴 수 있어요!

아이의 넓고 큰 마음이 느껴져 고마운 마음에 얼른 일을 마치고 나가서 꼭 안아주며 말했지요. "엄마랑 놀고 싶었구나. 그런데 방해하지 않으려고 기다렸나보네. 고마워, 우리 딸." 고맙다는 말에 딸은 "그쯤이야 뭐" 하면서 활짝 웃었어요. 상대 기분을 잘 살필 줄 아는 딸은 세 살 터울인 오빠가 아빠에게 꾸중을 들으면 이렇게 항변해주고는 합니다. "오빠가 아직 어리니 잘 몰라서 그런 걸 거야. 다 실수한 이유가 있겠지."

😊 공감받는 아이는 마음 체력이 강해요

공감능력이 높은 아이는 누군가 "안 돼!"라고 해도 그 상황에 대한 거절이지 자기 존재를 거절하는 게 아니라는 것을 잘 압니다. 학교에서도 친구가 "너, 그림 왜 이렇게 못 그리니?"라고 놀려도 "그 대신 난 더 잘하는 게 많아"라며 자신을 긍정적으로 바라볼 수 있지요.

잘하는 것이 많지 않아도 크게 기죽지 않습니다. 평소 부모가 "누가 우리 딸더러 못 한대. 이렇게 잘하는데"라는 지지와 위로를 많이 해줬다면 마음에 추위가 몰아쳐도 오래지 않아 온기를 회복할 수 있습니다. 왜 그럴까요?

아이들은 부모가 바라보는 눈빛과 표정을 보며 자신에 대한 이미지를 형성합니다. 아이가 힘들다며 손을 내밀 때 "힘들었구나, 엄마가 도와줄게"라며 아이 말에 귀 기울이고 손을 잡아주면 '난 소중한 존재야'라는 생각에 자신을 긍정적으로 바라볼 수 있기 때문이지요.

남과 함께 기뻐하거나 슬퍼하고 공감하면 마음 체력뿐만 아니라 몸도 더 건강해지고 신체 시스템도 긍정적으로 바뀐다는 연구 결과도 있습니다. 요즘 학업 스트레스는 물론 부모와의 대화 단절, 친구들과의 갈등 때문에 우울증을 앓는 초등학생이 늘고 있다고 합니다. 그런데 다른 사람에게 공감하는 힘을 키우면 우울증을 앓는 빈도도 그렇지 않은 사람보다 낮다고 합니다. 놀랍지 않나요?

아이를 살게 한 공감의 힘

'공감'은 절박한 상황에서 생명의 불꽃을 되살리는 힘이 되기도 합니다. 제2차 세계대전 당시 오랜 전쟁으로 유럽 곳곳에는 전쟁고아가 많이 생겼습니다. 보모가 많지 않아 우유를 먹이고 기저귀를 갈아주는 일도 겨우 했고 영양실조로 죽는 아이도 많았지요. 그런데 어떤 한 방에 있는 아이들은 같은 음식을 주고 똑같이 돌보았는데도 살이 통통하게 오르자 원장은 고민에 빠졌습니다. "저 방 아이들에게 무슨 일이 있는 걸까?"

알고 보니 이런 비밀이 있었습니다. 청소하는 한 여성이 매일 그 방에 있는 아이들을 안아주며 이름을 불러주고, 볼을 쓰다듬어주며 노래까지 불러주었던 겁니다. 좁은 공간에서 사람의 온기가 그리웠을 아이들이 그 시간을 얼마나 기다렸을까요. 사람과 사람 사이의 따뜻한 접촉을 이끌어 아이를 살게 한 것은 바로 공감이 불어넣은 마음의 온기였습니다.

🙂 내 편이 있다는 믿음이 주는 것

공감은 어려움을 딛고 일어설 수 있도록 더 나은 방향으로 삶을 이끌어나가게 합니다. 회복탄력성 연구에 한 획을 그은 일화에서도 '공감'의 놀라운 힘을 느낄 수 있습니다. 회복탄력성은 자신에게 닥치는 온갖 역경과 어려움을 도약의 발판으로 삼는 힘을 말합니다.

심리학자 에미 워너는 하와이군도의 카우아이라는 작은 섬에서 1955년부터 40년 동안 연구를 진행했어요. '열악한 환경에서 자란 아이들은 사회부적응자가 될 것'이라는 가설 아래 어린 시절 애착손상이 심했던 200여 명을 중년이 될 때까지 관찰했지요. 섬 주민은 지독한 가난과 질병에 시달렸고 범죄자나 알코올중독

자도 많았기 때문에 여기에서 태어난다는 것은 불행한 삶을 예약하는 것이나 다름없다고 생각했어요.

그런데 놀라운 사실을 발견했습니다. 부모의 가난과 불화, 질병 등으로 돌봄을 제대로 받지 못한 아이들 가운데 3분의 1이 문제없이 건강한 성인으로 자란 것입니다. 도대체 어떻게 된 일일까요?

열악한 조건에서도 잘 성장할 수 있었던 것은 조부모든 친척이든 아이의 상황을 무조건 이해하고 조건 없이 사랑해주는 어른이 적어도 한 명은 있었기 때문이에요. 『회복탄력성』을 쓴 김주환 교수는 에미 워너가 40년간 연구한 결과 발견한 회복탄력성의 핵심 요건은 '인간관계'라고 말했습니다. 사랑과 믿음이 바탕이 된 인간관계를 맺는 것은 '공감' 없이는 불가능한 일입니다. 언제든 기댈 언덕이 되어 '내 편'이 되어주는 사람이 있다는 믿음에는 인생을 변화시키고 절망 속에서도 행복을 찾을 수 있게 해주는 따뜻한 힘이 있습니다.

공감이 바로 아이를 행복하게 자랄 수 있게 해주는 소중한 선물이라는 사실을 기억하면서 공감의 세계로 함께 떠나볼까요?

스펙보다 더 중요한
공감능력

세계에서도 주목했듯이 학교와 기업에서 '공감능력'은 단연 중
요한 역량으로 꼽힙니다.

미래에는 지금의 일자리가 많이 사라지고 새로운 일자리가 생
길 것이라고들 하지요. 옥스퍼드대학교에서 연구한 결과에 따르
면, 10~20년 뒤 일자리 47%가 인공지능 로봇으로 대체되어 자
동화할 가능성이 높다고 합니다.

스탠퍼드대학교 교육대학원 부원장 폴 킴은 이런 말도 했어
요. "현재 초등학생의 65%는 현존하지 않는 일자리를 갖게 될 것
이다." 미래 일자리 이야기를 꺼낸 이유는 세상의 변화에 따라
일자리가 바뀌면 그에 필요한 능력도 달라지기 때문입니다. 하지
만 변함없이 중요한 것은 공감능력입니다. 왜 그럴까요?

 **공감능력이 중요해질 미래**

인간의 감정을 이해하는 것이 중요한 분야는 인공지능이 대체할 수 없습니다. 영국 BBC 방송에서는 "인공지능과 로봇이 많은 산업 분야에서 인간을 대체하겠지만 사람의 '감정'이 중요한 직업에서는 로봇이 인간을 대체할 수 없을 것이다"라고 했습니다. 많은 전문가가 작가, 음악가, 디자이너처럼 창의성이 중요한 분야나 교사, 간호사, 심리상담사와 같은 직업은 사라지지 않을 것이라고 말합니다. 또 미래에는 감정적으로 소통하고 공감할 수 있는 직업이 많은 분야에서 중요해질 거라고도 해요. 로봇 의사가 의료기술을 더 잘 활용할 것이라는 얘기도 많지만 세계보건기구는 한 보고서에서 2030년까지 전 세계적으로 의료 종사자가 4,000만 명 필요하다고 밝혔어요. 환자를 돌보고 아픔에 공감해 줄 의료 인력이 많이 필요하게 될 것이라는 말이지요.

공감능력은 의료계뿐 아니라 많은 분야에서 더 중요해질 거예요. 『최고의 나를 만드는 공감능력』이라는 책에서는 공감능력이 영향을 미치는 범위를 이렇게 이야기했어요. "육아에서부터 교육, 의료서비스, 직장, 예술, 환경, 디지털 세계, 리더십, 정치에 이르기까지 모두 공감능력과 관계가 있으며, 혼자서는 절대 할 수 없지만 서로에 대한 이해와 협력을 통해서는 달성할 수 있게 도움을 줄 수 있다."

미국 대통령을 지낸 버락 오바마도 '공감'의 중요성을 강조했어요. "우리 시대의 도덕적 기준을 충족하길 바란다면 우리는 공감 부족에 관해 더 많은 이야기를 나눠야 합니다." 미래학자 다니엘 핑크는 미래사회의 인재는 다른 사람과 공감하며 조화롭게 즐길 줄 아는 삶을 영위하는 창의적인 사람이라고 했습니다. 공감능력이 얼마나 중요한지 고개가 끄덕여지지 않나요?

☺ 미래 인재에게 필요한 역량

학교와 기업에서도 '공감능력'은 아주 중요하게 여깁니다. 구글과 애플, 마이크로소프트와 같은 글로벌 기업들은 두 명 이상이 함께 창업했어요. 학교에서도 모둠을 이뤄 서로 생각에 귀 기울이고 의견을 나누는 협력활동이 늘어나고 있습니다. 지적 능력만큼이나 EQ라고 하는 정서지능이 중요하다는 사실도 널리 알려져 있듯이 친구의 감정을 공감하고 배려하는 아이가 인기 만점입니다.

사회를 선도하는 리더와 명사 100명을 인터뷰한 기사에서도 스마트시대에 기업들이 스펙 대신 공감능력이 있는 인재를 원한다는 내용이 눈에 띄었습니다. '미래 인재가 갖춰야 할 역량'을 물었을 때 그들은 '창의성과 인성, 융·복합능력, 협업 역량, 커뮤니케이션 역량을 꼽았고, 성과를 중요하게 여기는 기업에서도 이런 역량들에 이어 공감능력이 중요하다고 보았습니다.

스마트시대에 기업이 중요하게 여기는 인성과 협업 역량, 커뮤니케이션은 물론 창의성도 여러 사람의 반짝이는 아이디어를 모으는 '집단 창의성'이 중요해지는 만큼, 공감능력이 없다면 빛을 발하지 못하겠지요.

누군가의 인생에 참여한다는 것의 의미

공감한다는 것이 아이들에게는 꿈이 되기도 합니다. 한 영어학원 원장이 성적 때문에 극단적인 선택을 하는 아이들을 보면 안타깝다면서 이런 말을 했습니다. "힘든 대입 과정을 잘 이겨내는 아이들을 보면 공통점이 있습니다. 뭔가 이루려면 동기가 중요한데, 누군가의 인생에 참여한다는 것은 다른 사람을 돕고 좋은 영향을 미치고 싶다는 의지와 열정이 있다는 것이지요. 그런 아이들은 힘든 시간도 잘 이겨낼 수 있습니다."

그러면서 그는 한 고등학생 이야기를 들려주었어요. "영진이는 쪽방촌에 봉사를 갔다가 돈이 없어 병원도 못 가는 사람들을 보고는 그들이 안타까워서 무료로 치료해주고 싶다고 생각했대요. 그런 목표가 생기니 입시 지옥에서도 견딜 수 있는 힘이 생겼다고 하더니 결국 의대에 합격했고, 의술로 사람들을 돕는 미래를 꿈꾸고 있습니다."

한 강연장에서 만난 세계적인 로봇과학자 데니스 홍도 사람을 돕는 로봇을 만들고 싶다는 마음이 오늘날 자신을 만든 힘이라고 했어요. "시각장애인도 탈 수 있는 자동차를 만들었을 때 몇 시간을 달려와 볼 수도 없는 차를 손의 감각만으로 만져보며 행복해하던 어린아이를 잊을 수 없습니다. 그 아이에게 그 자동차는 차 이상의 의미였습니다. 왜 인류를 위한 로봇을 만들어야 하는지 그 아이의 행복한 표정을 보면서 그 이유를 다시 한 번 찾았습니다."

벅찬 감정이 다시 차오르는 듯 그의 눈에는 눈물이 맺혔습니다. 불가능하게 느껴졌던 미래가 가능한 현실로 한 발 다가온 것처럼 느껴지는 순간이었던 거지요. 눈빛 너머로 희망을 보며 미소 짓던 그 아이 모습이 저도 잊혀지지 않습니다. 누군가의 인생에 좋은 영향을 주고 싶다는 마음은 삶을 희망으로 이끌어나가는 에너지가 될 수 있어요. 우리 아이들도 더 나은 세상을 만들기 위해 조금씩 변화해나갈 수 있습니다. 따뜻하고도 강력한 '공감의 힘'으로 말이지요.

우리 안에 있는
'공감세포'

공감한다는 것은 마음에 주파수를 맞추고 감정의 균형을 잡는 것입니다.

사람이 공감할 수 있는 비밀은 뇌 속에 있어요. 사람에게는 남의 행동을 보는 것만으로도 자신이 그 행동을 할 때와 똑같이 반응하는 신경세포인 거울뉴런(mirror neuron)이 있습니다. 1990년대 초 이탈리아 신경과학자 자코모 리촐라티 연구팀은 어떤 행동을 할 때 원숭이의 뇌 부위가 활성화하는지 실험했는데, 직접 땅콩을 집을 때와 다른 사람이 땅콩을 집는 것을 바라볼 때 같은 위치의 신경세포가 활동한다는 사실을 발견했습니다.

재미있는 것은 공감신경세포가 반응하면서 우리도 다른 사람이 하는 행동을 보고 그런 감정상태가 일어나 자기 일처럼 느낄 수 있다는 것입니다. 아이가 아파하고 힘들어하는 모습을 보기만

해도 비슷한 감정을 느끼는 이유도 그것 때문입니다. 그렇다면 공감의 의미를 더 자세히 알아볼까요?

☺ 공감의 3요소

"당신 상황을 알고 기분도 이해합니다"라는 뜻의 공감은 19세기 말 독일어에서 처음으로 나왔는데, '안에 들어가서 느끼다'라는 말에서 유래했어요.

하버드대학교 의과대학 헬렌 리스 교수 연구팀이 연구 결과 내놓은 『최고의 나를 만드는 공감능력』에서는 공감을 이렇게 정의하기도 했어요. "상대의 감정을 인정하는 것과 남에게 도움이 되도록 자기감정을 통제하는 것 사이의 섬세한 균형이다."

정신분석학자 하인즈 코헛은 "타인의 감정을 내 감정인 것처럼 받아들이되 객관적으로 바라보는 능력"이라고도 했지요. 공감의 정의는 조금씩 다르지만 크게 3가지 요소가 복합적으로 나타납니다.

① **정서적 요소**: 다른 사람의 감정을 느끼는 것
② **인지적 요소**: 다른 사람의 관점이나 역할을 이해할 수 있는 것으로, 말이나 행동에서 생각과 감정을 아는 것

③ **의사소통적(표현적) 요소**: 가슴과 머리로 느끼고 이해한 것으로
    그치지 않고 사람들과 관계에 도움이 되도록 표현하는 것

여러분은 과연 어떻게 공감하고 있나요?

☺ 마음에 주파수를 맞추고 감정의 균형 잡기

"저는 아이에게 왜 공감을 못해주는 걸까요?"라고 고민하는
부모가 의외로 많습니다. 왜 그렇게 느낄까요?

공감이라는 말이 익숙한 듯한데 쉽지 않다고 느끼는 이유는
가족이 너무 가까운 관계이기 때문입니다. 아이를 사랑하는 만
큼 기대도 바람도 커지다보니 실망도 자주 하게 되고 '잘 키워야
지' 하는 마음이 크면 자꾸 아이 행동을 좌지우지하려 들기도 합
니다. 하지만 공감은 개입이 아니라 '적당한 거리에서 마음을 바
라보는 것'입니다. 아이와 심리적 거리가 너무 가까워서 지나치
게 개입하면 공감하기가 힘들어집니다. 제대로 공감하려면 상대
의 감정을 이해하고 존중하되 그 감정에 너무 깊이 빠져들어서
는 안 됩니다.

쉽지 않지만 아이와 부모가 감정의 균형을 이루는 것이 중요
합니다. 균형이란 아이 마음에 주파수를 맞추면서도 자신과 아이

감정을 분별할 줄 안다는 의미입니다. 한 걸음 떨어져 아이를 바라볼 수 있을 때 가능한 일이에요.

공감하려다가 감정이 전염되다 못해 너무 깊이 개입하면 그것이 눈덩이처럼 커질 수도 있어요. 저는 책이나 강연에서 아이에게 '관심은 한결같이! 개입은 덜하기!'를 강조합니다. 너무 깊이 개입해서도, 무관심해서도 안 되지만 적당한 심리적 거리, 즉 안전거리를 두어야 공감하려는 대상인 아이가 무엇을 원하고, 느끼고, 생각하는지 조금 더 선명하게 바라볼 수 있어요.

☺ 어릴 적 기억으로 아이를 바라볼 때 생각할 것

자라온 시간들에 대한 기억은 온몸에 깊이 새겨지곤 합니다. 그래서 자기도 모르게 부모의 양육태도를 대물림하는 경우도 있습니다. 너무 허용적인 환경에서 자라왔다면 그 삶의 방식을 정답처럼 여겨 '과잉 공감'하는 모습을 보이거나, 아주 권위적인 양육환경에서 자랐고 그것이 옳다고 믿으면 "조용히 하지 못해?" "그만해"라며 감정을 억압하거나 잘 드러내지 않는 경우도 있지요. 승준 엄마도 그랬습니다.

승준 엄마는 어릴 적 부모에게 혼이 많이 났고 친구들에게 놀림을 많이 받아 괴로워했던 기억이 강하게 남아 있었어요. 그래서 그 기억으로 자기 아이도 바라보았습니다. '투사'를 한 겁니다. 승준 엄마는 초등학생인 아들이 친구 때문에 속상해하자 두 팔을 걷어붙이고 그 아이 엄마를 찾아가 따졌습니다. "애가 오죽하면 저렇게 울까요. 둘이 같이 놀지 않게 해주세요. 부탁드릴게요." 승준 엄마는 자신의 어린 시절 부정적인 기억을 너무 이입해 아이들끼리 풀어야 할 관계에 개입한 것입니다. 아이가 원하든 원하지 않든 엄마의 입김으로 아이 친구 관계가 '강제 정리'된 것이지요.

친구들끼리 다툼이 심해지면 부모가 개입해야 할 때도 있기는 해요. 하지만 이 경우는 엄마 처지에서는 보호한 것이었지만 아이에게는 스스로 문제를 해결해나갈 기회조차 빼앗아버린 겁니다. 아이는 이제 친구와 갈등이 생기면 스스로 해결하려 노력하지 않고 엄마에게 쪼르르 달려가는 법을 배우게 되었는지도 모릅니다. 여러분도 혹시 부모 감정을 지나치게 개입해서 스스로 통제하지 못하거나 '과잉 공감'을 하지는 않나요?

🙂 우리는 제대로 공감하고 있을까?

우리가 제대로 공감하기 힘든 이유는 뭘까요?

첫째, 부모에게 공감을 잘 받아보지 못했다면 '공감 경험'이 부족해 자기감정을 잘 인식하지 못하고 표현하는 것도 서툴러 그런 모습을 보일 수 있어요.

둘째, 우리 안에 너무 많은 감정이 빽빽하게 채워져 있기 때문입니다. 컵에 물이 꽉 차 있으면 물을 더 채울 수 없는 것처럼 너무 힘들고 슬픈 상황에서는 다른 감정이 들어올 여백이 없는 것이지요. 육아 스트레스에 몸과 마음이 지치면 '내가 힘든데' 남의 마음을 들여다볼 여유가 없어지지요. 감정의 공간이 사라지기 때문입니다.

셋째, 아이를 부모의 확장된 자아, 분신처럼 생각하고 바라볼 때 제대로 공감할 수 없습니다. 어린 시절 부모에게 자주 혼이 났고 친구에게 놀림을 당했는데 그때마다 울음을 억지로 그쳐야 했던 기억이 승준 엄마처럼 아픈 기억으로 되살아나 아이에게도 투영되는 경우가 있지요. 그런 부모에게는 아이 울음소리가 유독 불편하게 들립니다. 우리는 어떤가요?

● 나는 공감하는 부모일까? ●

1	아이의 기분을 빠르게 알아차리고 반응한다.
2	아이 행동이나 표정을 보면 어떤 감정을 느끼는지 알 때가 많다.
3	아이 말에 귀 기울이려고 노력한다.
4	아이의 행동에 화가 나더라도 왜 그런 행동을 했는지 전후 사정을 살펴본다.
5	아이가 떼를 쓰거나 짜증을 낼 때 아이 처지에서 여러 의미를 찾으려 한다.
6	부정적이든 긍정적이든 아이 감정은 최대한 수용하려고 노력한다.
7	아이에게 말할 때 눈을 바라본다.
8	어떤 생각이나 감정이 떠오를 때 한 걸음 물러나 관찰한다.
9	아이 감정을 이해하고 느낀 것을 아이에게 말로 표현한다.
10	공감하면서도 가르쳐야 할 때는 행동에 제한을 둔다.

공감능력이 높은 아이,
이렇게 달라요

공감을 많이 받아 긍정적인 자아개념이 형성된 아이는 자신감
이 높고 상대를 배려하는 '예쁜 눈치'가 있습니다.

복도를 걷다가 넘어진 미주가 아파서 일어나지 못하는데 그 모습을 본 한 친구가 깔깔거리며 놀렸어요. "너는 내 동생보다도 제대로 못 걷니? 어린이집으로 다시 가서 아기나 해라." 이 말에 속이 상한 미주는 울음을 터뜨리고 말았습니다.

공감능력이 부족하면 다른 사람이 다치거나 곤란한 상황에 놓였을 때 웃거나 놀리기도 하고, 상대가 싫은 티를 팍팍 내도 아랑곳하지 않고 "난 재미있는데" 합니다.

초등학교 저학년까지도 친구를 사귀면서 '다른 사람이 나를 위해 존재하는 것은 아니야'라는 것을 어렴풋이 알지만 다른 사람을 깊이 공감하기 힘들어요. 자기감정만 앞세우는 경우가 많아

갈등을 자주 일으키기도 합니다.

우리 아이는 어떤가요?

😊 공감능력이 낮은 아이에게 생기는 일들

현수는 학교에서 친구들과 '로봇 조립' 대결을 하는데 다른 팀 조립품이 완성도가 더 높아 보이자 다급해져 팀원인 민규를 타박합니다. "야, 너 때문에 자꾸 뭐가 안 맞잖아." 그러자 민규는 "알았어! 기다려봐. 내가 좀 느리지만 기를 모아 집중하고 있으니까" 했습니다. 잠시 후 민규는 열심히 만든 것을 보여주며 말했습니다. "이것 봐. 이제 좀 괜찮아졌지? 네가 만든 팔이랑 다리도 잘되었다. 와, 우리 팀도 잘하고 있어!" 현수는 금세 마무리된 로봇을 보며 머쓱해져 말합니다. "잘되긴 뭐가 잘되니? 네가 꾸물거리지 않았으면 훨씬 잘되었을 텐데."

현수처럼 공감능력이 부족하면 어떤 모습을 보일까요? 친구들과 갈등을 자주 일으키거나 심한 경우에는 학교 폭력을 일으키기도 합니다. 한 연구에 따르면, 청소년 문제를 일으키는 아이들은 어린 시절의 정서적 결핍이 원인이 되어 충동성 조절능력과 공감능력이 부족한 경우가 많다고 합니다.

공감능력이 부족하면 친구들과 함께하는 단체채팅방에 올라오는 어떤 말에도 반응하지 않기도 합니다. 단체방에서 몇몇 아이끼리만 대화하는 '사이버 왕따'를 하거나 폭언, 욕설을 죄의식 없이 하는 경우도 있어요. 얼굴을 마주 보지 않고 글이나 이모티콘으로 감정대리 역할을 하다보니 목소리로 전해지는 사람의 감정을 읽는 시간이 점점 줄어들기 때문입니다. 이런 아이들에게는 공감능력을 키워주는 일이 무엇보다 필요합니다.

🙂 리더십 있는 아이, 정서지능도 높아요

시험을 잘 본 철수가 영희에게 "나 100점 맞았다. 넌 나보다 못했지?"라고 놀려댔어요. '예쁜 눈치'가 있는 영희는 시험을 잘 봤지만 시험지를 조용히 가방에 넣었습니다. '성적이 잘 나오지 않은 애들은 속상할지도 몰라' 하며 친구 처지를 생각할 줄 알기 때문이지요. 부모에게 공감받으면 긍정적인 자아개념을 형성하게 되고, 다른 사람과 관계 속에서 생기는 일을 올바르게 생각하고 판단하는 능력도 뛰어납니다. 친구 관계가 원만할 뿐 아니라 갈등 상황이 생겨도 비교적 잘 해결할 수 있어요.

공감자원이 많이 쌓인 아이는 학교생활에서 어떤 장점이 있을까요? 공감능력이 높으면 친구 말에 귀 기울이고 '얘는 뭐가 불편하지?' 하며 마음을 살필 줄도 알아요. 자기 생각을 이야기할 때 훨씬 차분하고 안정되어 있지요. 또 난처한 상황을 모면하려는 '눈치'가 아니라 상대를 배려하는 '예쁜 눈치'가 있습니다.

리더십은 '상대의 사고나 감정, 행동에 의미 있는 영향을 미치는 능력' 또는 '다른 사람의 마음을 움직여 어떤 문제나 상황을 좋은 방향으로 이끌어가는 것'입니다. 공감능력이 높을수록 리더십도 뛰어나겠죠?

리더십이 뛰어난 아이일수록 '정서지능' 또한 높습니다. '정서지능'은 자신과 타인뿐만 아니라 어떤 상황에서 느끼는 정서나 기분을 잘 통제하고 조절하는 능력을 말해요. 미국의 심리학자 대니얼 골먼이 정리한 정서지능 5가지를 살펴볼까요?

● **대니얼 골먼의 정서지능 5가지** ●

1. 자기인식: 자신의 감정을 빠르게 인식한다.
2. 자기조절: 자신의 감정을 처리하고 변화시킨다.
3. 자기동기화: 목표를 성취하기 위해 어려움을 견디고 노력한다.
4. 감정이입: 타인의 감정을 파악하고 공감한다.
5. 대인관계: 다른 사람의 감정에 알맞게 대응한다.

정서지능은 성장과정에서 높아지기 때문에 평소 공감자원을 가득 채워주는 것이 중요해요. 자기주장이 확실하면서도 배려할 줄 알고 목표를 달성하기 위해 노력할 줄도 알면서 다른 사람들과도 잘 어우러지는 사람, 생각만 해도 멋지지 않나요?

☺ 공감연습은 이미 시작되었어요

그렇다면 아이에게 공감자원을 쌓아주려면 어떻게 해야 할까요? 심리학자 앨런 스라우프는 가정 안에서의 공감연습이 무엇보다 중요하다면서 이렇게 말했어요. "공감을 가르치거나 공감하라고 훈계한다고 되는 일이 아니다. 아이에게 공감하라. 아이는 오로지 자신이 경험한 관계에서만 인간관계를 이해할 수 있다." 그러니 아이가 처음으로 사회적 관계를 맺는 가정에서 공감하는 경험을 많이 하게 해주세요.

아직도 어렵게 느껴지나요? 우리는 아이와 자연스레 눈 맞춤을 하고 안아주면서 이미 공감연습을 해왔습니다. 이렇듯 공감적인 부모는 아이의 청소년기까지도 정서, 행동, 학습, 대인관계 발달 등 다양한 영역에 영향을 미치고 학교 적응력을 높이는 데 도움이 된다는 연구도 있어요.

초등학생인데 이제라도 공감능력을 키워줄 수 있는지 궁금하다면 영국의 철학자이자 공감전문가 로먼 크르즈나릭이 『공감하는 능력』에서 언급한, 공감능력이 발달하는 시기에 주목해보세요. "인생의 처음 몇 해가 두뇌회로를 연결하는 활동이 집중적으로 치열하게 이루어지는 시기인 것은 맞지만, 그 뒤로도 공감능력은 계속 확장할 수 있다."

부모와의 초기 애착이 아이의 유년기뿐만 아니라 삶 전반에 영향을 미친다는 애착이론을 발표한 보울비도 "변화는 삶의 사이클 전체에 걸쳐 계속된다"라고 했어요. 시기가 큰 문제가 아니라는 말이지요. 사랑과 관심 안에서 아이들은 언제든 한 걸음 더 나아갈 수 있어요.

〈우리 아이의 공감능력은?〉

● 공감능력이 높은 아이, 이렇게 다르다 ●

- 대인관계가 원만해서 사회성이 좋다.
- 리더십이 뛰어나다.
- 배려심이 깊다.
- 남의 말에 경청을 잘한다.
- 감수성이 풍부하다.
- 감정이입을 잘하고 표현할 줄 안다.
- 부모와 유대감이 좋다.
- 자존감이 높다.
- 긍정적 정서로 비교적 빠르게 전환한다.

● 공감능력이 부족한 아이의 특징 ●

- 남의 말을 건성건성 듣고 잘 반응하지 않는다.
- 감정조절이 미숙하다.
- 남이 불편한 것에 신경 쓰지 않는다.
- 친구가 다치거나 곤란해 해도 재미있다고 웃는다.
- 자기 생각과 다르면 잘 타협하지 않고 자기주장이 강하다.
- 슬픈 동화나 영화를 봐도 감정의 동요가 거의 없다.
- 분노와 우울감을 표현하는 경우가 많다.

공감받는 아이가
자존감도 높아요

'엄마는 내 편' '내 말을 잘 들어주는 아빠'라는 생각이 마음의
온기가 되어 자존감을 따뜻하게 채워줄 수 있습니다.

EBS에서 방송한 〈퍼펙트 베이비〉를 보면 아이의 평생 삶을 결정
짓는 요소를 3가지로 이야기합니다. 바로 감정조절 능력, 내적 동
기, 공감능력입니다. 그중에서도 공감을 많이 받는 아이는 자존
감도 높습니다.

자존감(self-esteem)은 자신을 존중하고 사랑하는 마음을 말해
요. 하버드대학교 교육학과 교수 조세핀 킴은 자존감을 구성하는
2가지 핵심 요소로 '자기가치감'과 '자신감'을 꼽았는데 결국 자
기가치를 안다는 것은 나를 존중하고 사랑하는 마음을 갖는 일
입니다. 나무는 땅속 양분을 잘 받아들이면 어느새 쑥쑥 자라 푸
르른 잎을 펼치지요. 아이들도 자신에게 중요하고 의미 있다고

생각하는 사람에게 꾸준히 긍정적인 반응을 받으면 자존감이 높아집니다. 아이들이 자존감을 형성하는 데 가장 중요한 것은 무엇일까요? 바로 아이를 대하는 부모의 태도입니다.

어린 시절부터 울면 따뜻하게 안아주던 엄마의 손길, 잘못을 저질렀을 때 바라보던 아빠의 표정도 영향을 미치고요. "우리 딸 인사 참 잘하지?" "우리 아들 성격 참 서글서글하니 좋네." 이렇게 자신을 다른 사람에게 어떻게 소개하는지도 '자기가치감'을 내면화할 수 있게 합니다.

초등학생이 되면 친구 관계가 넓어지고 학교에서 많은 시간을 보내며 '가정에서 자녀'의 위치 외에 '나 이런 사람이야'라는 새로운 정체성을 형성해가지요. 자존감이 높았다가도 예상치 못했던 역경과 실패를 경험하며 조금씩 흔들리기도 합니다. 왜 그럴까요? 자존감이 낮은 아이는 학교에서 어떤 모습을 보일까요?

자존감이 낮은 아이의 학교생활

어떤 일에 좋은 결과를 내지 못하거나 실패해도 '나 이대로 괜찮은 사람이야'라고 느낄 수 있는 '자기가치감'이 자리 잡지 못하면 현재 모습이 어떤지와 별개로 열등감이 커져서 평가나 결과에 집착하거나 주변의 시선을 많이 의식하다보니 편안한 관계를 맺지 못해 대인관계에 어려움을 겪기도 합니다. "난 왜 이렇게 못났을까?"라며 무능함을 느끼거나 자기 존재 자체를 부정적으로 바라볼 수도 있습니다.

이런 아이들은 예를 들어 발표 시간에 '틀리면 나를 멍청하다고 볼 거야'라는 생각에 주저하기도 하고, 발표가 생각만큼 잘되지 않은 것 같을 때는 '난 왜 잘하는 게 없지?'라며 자신을 탓합니다. 질 것 같거나 못할 것 같으면 미리 그만두거나 아예 포기해 버리는가 하면 친구 무리에 끼고 싶어도 '같이 놀자고 했는데 거절하면 어떡하지?' 하며 미리 거절 상황을 떠올리면서 선뜻 용기를 내지 못합니다. 때로는 좌절감을 감추려고 필요 이상으로 장난을 치기도 하지요. 우리 아이는 어떤가요?

자존감이 낮은 아이는 '거절'을 어떻게 받아들일까?

초등학교 2학년 교실입니다. 중간 놀이 시간에 친구 셋이 세 명이서 하는 보드게임을 하는데 그 사실을 모른 상희가 조심스레 다가가 "나도 같이하고 싶은데 낄 수 있을까?"라고 물었습니다. 게임을 하던 친구들이 이구동성으로 "지금은 안 돼"라고 했어요. 그러자 상희는 친구들이 자기와 놀고 싶지 않아서 거절한다고 생각했어요.

친구가 "지금은 안 돼"라고 했지만 어쩌면 "나중에는 돼"라는 말을 하고 싶었는지도 모릅니다. 그런데 상희는 셋이 하는 게임을 하는 그 상황에서만 안 된다는 말이라는 것을 몰랐습니다. 금세 주눅이 들어 "조금 있다가 상황 되면 나도 끼워줘"라는 말을 하지 못했기 때문에 결국 놀이에 참여하지 못한 상희는 '난 친구들에게 거절당했어'라는 상황만 머릿속에 남게 되었지요.

초등학생들은 자신이 생각한 것을 조리 있게 표현하지 못할 뿐만 아니라 뭔가 오해한 것 같으면 "다시 말해줄 수 있어?"라고 묻고 상황을 합리적으로 판단하기가 쉽지 않습니다. 말을 잘하고 기가 센 아이가 '권력'을 잡는 것처럼 보이면서 수용적으로 반응하는 아이들이 손해를 보는 상황이 펼쳐지기도 합니다.

상희처럼 자존감이 낮다면 거절 아닌 거절에서 상처를 입는 일도 생기지요. "내가 더 잘해. 너는 못하지?"라며 비교하고 자랑하는 아이들 틈에서 풀이 죽기도 합니다. 하지만 자존감이 높은 아이는 이런 상황도 훨씬 유연하게 받아들입니다.

어둠 속에서도 빛나는 아이의 비밀

아들이 초등학교 3학년 때 들려준 이야기입니다. 3학년 때 짝이었던 여자아이가 선행학습을 많이 한 친구에게 이런 놀림을 받았다고 해요. "너 이제 수학 시작하니? 난 벌써 5학년 수학 들어갔는데!" 그런데 이 여자아이가 이런 반응을 보였다고 합니다. "나는 학교에서 배우는 걸 다 아는 게 중요하다고 생각해. 진도를 너무 빨리 나가면 머리에 다 들어가지도 않고 잊어버리기도 쉽잖아. 난 지금 내가 하는 방법으로 하는 게 맞는 것 같아." 그러자 아들도 "그래, 우리는 수학 선행은 하지 말자! 하고 싶을 때 하면 돼! 우리 잘하고 있어. 아자!" 하며 짝에게 맞장구를 쳐주었다고 합니다.

자존감이 높은 아이는 자기가 하지 못하는 일의 한계를 알고, 그것이 자신의 무능감을 보이는 일이라고 생각하지 않습니다. 다른 사람의 평가에 쉽게 흔들리지 않고 자신감과 자기가치감을 모두 가지고 있지요. 그 아이는 평소 인사도 잘하고 배려심도 깊습니다. 여자 반장으로서 리더십도 있지요.

그 아이가 엄마와 함께 길을 가는 모습을 집 근처에서 종종 보는데, 뭐가 그리 즐거운지 모녀 사이에 웃음꽃이 피어납니다. 엄마와 대화도 끊이지 않습니다. 아이는 부정적인 감정을 받아주고 좋은 감정은 함께 기뻐해주는 부모를 보며 자신을 긍정적으로 바라보게 됩니다. 그래서 자존감이 높은 아이는 빛이 꺼진 어둠 속에서도 스스로 빛을 내는 힘이 있습니다.

아이를 하나의 인격체로 대하며 소중하게 여기고 실수해도 격려하는 공감의 말은 "나는 소중한 존재야"라는 것을 깨닫게 해줍니다. 존재 자체를 귀하게 여길 수 있는 말도 들려주세요. "너는 세상에서 둘도 없이 소중해" "사랑해" "네가 있어 행복해" "엄마는 항상 네 편이야." 공감하고 표현해주는 부모의 말을 듣는 아이에게서 자존감이 쑥쑥 자랍니다.

부모의 반응이
공감능력을 키워줘요

부모에게 감정을 수용받고 감정교류를 많이 해본 아이가 그 경험을 징검다리 삼아 상대 감정에도 머물 수 있습니다.

몸이 아파서 누워 있는데 아들이 걱정 가득한 목소리로 저를 꼭 안아주며 말했습니다. "엄마, 많이 아파? 내가 따뜻한 차라도 끓여줄까? 어제 나랑 놀러갔다가 찬바람 많이 쐬어서 그런 거 아니야?" 제가 아픈 것을 보고 아이도 마음이 아팠던 것이지요. 태어난 지 하루밖에 안 된 아기도 공감할 수 있다는 사례가 있어요. 한 병원에서 옆에 있던 아기가 고통스러워하며 울자 다른 아기들이 같이 반응하며 덩달아 울음을 터뜨렸다는 것인데요.

사람마다 정도는 다르지만 공감신경세포인 거울뉴런이 반응하면서 공감능력이 발달하는데, 이 거울뉴런은 다른 사람의 행동을 보거나 감정을 느낄 때 활성화합니다. 거울뉴런이 발달하지 않으면 공감능력이 낮거나 자기중심성이 강해질 수 있어요.

아이에게 가장 많은 영향을 미치는 부모가 아이 행동과 감정, 말에 적절히 반응하고 공감하는 모습을 자주 보여주면 아이의 공감능력이 높아질 수 있습니다.

공감받은 기억과 경험을 선물한다는 것

아이에게 주변 사람들과 관계에서 다른 사람 처지가 되어 생각해보는 모습도 보여주세요. 상황에 맞는 적절한 감정을 표현하며 표정과 몸짓도 다양하게 해보세요. 부모는 행동, 정서, 언어적 '모델링'이 되기 때문인데요. 아이는 그런 부모의 모습을 보며 점점 다른 사람의 행복이나 고통에 공감할 수 있게 되고, 부모의 표정이나 행동을 보며 감정을 읽는 능력도 키울 수 있어요.

아이의 '공감능력'을 좌우하는 신경세포인 '거울뉴런'은 행동뿐 아니라 감정에도 자극받기 때문에 상대와 감정을 나누며 '감정교류'를 많이 경험하는 것이 중요해요. 애착은 인생 초기에 가까운 사람에게 강한 감정적 유대를 형성하는 것인데 그 과정에서 끊임없이 교류하며 감정을 주고받게 됩니다.

초등학교 시절 부모와 공감하며 즐거운 시간을 많이 보낸 아이들은 이런 긍정적인 생각이 스며들 수 있어요. "다른 사람과 함께 있으면 재미있어. 속상한 일이 있으면 서로 얘기해서 풀면 돼." 공감받은 기억과 경험이 평생 갑니다.

☺ 감정교류, 얼마나 자주 할까?

그렇다면 감정교류가 잘되지 않을 때 어떤 일이 생길까요? 자기감정이 부모에게 수용되는 경험을 하지 못하면 감정교류가 잘 일어나지 못할뿐더러 아예 단절될 수도 있어요. 예를 들어 "나 오늘 힘들었어"라고 했는데 부모가 "뭐가 힘들어. 다른 애들도 그 정도는 해"라고 하면 자기 마음을 몰라주는 부모에게 섭섭한 생각이 들고, 대화가 이어지지 못하면 감정이 단절되어버리겠지요. 그런데 이렇게 감정을 차단당하는 일이 잦으면 다른 사람의 감정을 수용하고 반응하는 일이 쉽지 않아요. 자기감정을 수용받고 표현해본 아이들이 그 경험을 징검다리 삼아 상대 감정에 다가가 머물 수 있어요.

감정교류를 많이 해본 아이는 어떤 장점이 있을까요? 부모에게 공감과 인정, 사랑받는다는 느낌이 충만하니 자존감이 높습니다. 부모가 아이 감정을 자주 수용해주고 아이도 부모도 서로 감정을 잘 표현하다 보면 '경청하고 → 느끼거나 이해하고 → 잘 표현'하게 되는 '공감의 선순환'이 일어날 수 있어요.

섭섭한 것이 있을 때 입을 꾹 닫기보다 자기감정을 표현하면서 많은 것을 풀어나가는 시간이 많아질수록 감정의 찌꺼기도 덜 쌓이겠지요. 이런 아이들은 학교에서도 긍정적인 반응이든 부정적인 반응이든 친구들이 말을 하고 감정을 표현할 때 받아들이는 연습을 하게 되고, 자신을 객관적으로 바라보며 올바른 판단을 해나가는 힘도 기를 수 있어요.

😊 감정은 받아주고 잘못된 행동은 한계를 정해주기

아이 감정을 '수용'하라고 하면 부모들은 이런 걱정을 많이 합니다. "감정을 다 받아주면 자기밖에 모르는 애가 되는 것 아닌가요?" 감정을 수용한다는 것은 잘못된 행동을 다 받아주라는 의미가 아니에요. 부정적이든 긍정적이든 아이가 지금 느끼는 감정은 수용하더라도 잘못된 행동은 "안 돼"라고 말하고 한계를 정해주어야 합니다.

아이는 공감과 이해라는 따뜻함을 먼저 만나면 마음의 문이 열려 부모가 말하는 '한계'도 서서히 받아들이고, 마음이 움직이면 스스로 해결책을 찾아 나서기도 합니다. 가정은 사회의 축소판이란 말도 있지요. 부모의 사랑 가득한 "안 돼"로 적절히 거절도, 좌절도 겪어본 아이가 더 단단하게 자랄 수 있습니다.

'공감'은 '아이의 세상으로 발을 내딛는 것'입니다. 생각도 언어 능력도 자라고 있는 '서툰' 아이들이 바라본 세상은 어떤 모습일까요? 무엇을 느끼고 무엇을 표현하고 싶을까요? 표현이 서툴러도 아이 안에는 놀라울 정도로 많은 욕구와 생각, 감정이 있어요. 화날 때 연필깎이를 세게 돌리는 모습, 기분 좋으면 올라가는 입꼬리도 살펴보세요. 표정으로, 눈빛으로, 목소리로 어떤 이야기를 전하나요? 초등학생이 되면 감정이 더 풍부해지지만 감정을 존중받지 못한다고 느끼면 꽁꽁 묻어두다 화산처럼 터져버릴 수 있어요. 우리 아이 마음 읽기 연습, 시작해볼까요?

2교시

초등학생 우리 아이
마음 읽기 연습

아이 세상으로
발을 내디뎌요

'공감의 눈'은 아이 관점에서 바라보면 다르게 보이는 세상을
함께 바라보는 것입니다.

아들이 초등학교 1학년 때 제 생일선물로 "내가 제일 아끼는 거
야. 엄마 생각해서 준비했어"라면서 건네준 것이 있습니다. 그런
데 선물상자를 뜯어보고는 웃음이 터졌습니다. 1,000원짜리 지폐
와 과자가 들어 있었거든요. '내가 좋아하니 엄마도 좋아할 거야'
라고 생각한 게 참 귀엽지 않나요?

미국의 심리학자 어빈 얄롬은 소통과 공감에서 중요한 것이
'상대방의 창으로 바라보기'라고 말했어요. 결국 공감한다는 건
'아이의 세상으로 발을 한 발 내딛는 것' 아닐까요? 인지능력과
언어능력이 자라는 아이는 세상을 어떤 모습으로 바라보는지, 그
세상에서 무엇을 느끼고 어떤 것을 표현하고 싶어하는지 짐작해

보는 것이지요.

우리는 아이의 세상을 바라보려고 노력하나요?

😊 아이 관점에서 바라보면 다르게 보이는 세상

'조망수용능력'이라는 말이 있어요. 다른 사람의 관점에서 생각하는 능력인데요. 자신이 보고 듣고 생각하고 느낀 것이 다른 사람과 다를 수 있다는 것을 아는 능력이지요.

인지발달 연구의 선구자 장 피아제는 인지발달 이론에서 2~7세 아이들의 주요한 특성이 자기중심적 사고를 하는 것이라고 했어요. 그래서 '조망수용능력'이 미숙하다는 거지요. 물론 다른 연구에서는 더 어린 아이도 조망수용능력이 있다고 했지만, 개인차가 있어서인지 초등학교 저학년까지도 그런 경향이 강한 경우도 있어요.

사회인지이론가인 로버트 셀만은 조망수용능력이 지적 발달 단계에 따라 변한다고 봤는데요. 그는 연령별로 다음 표와 같이 구분해 설명했습니다.

● 셀만이 말하는 '사회적 조망수용능력' ●

0단계	미분화된 조망수용 (3~6세)	다른 사람이 나와 관점이 다르다는 것을 이해하지 못함
1단계	사회·정보적 조망수용 (6~8세)	사람들의 관점이 자신과 다를 수 있다는 것은 알지만 뚜렷하게 구분하지 못해 아직도 자기 기준으로 이해하려 함
2단계	자기반영적(반성적) 조망수용(8~10세)	같은 일도 서로 의견이 다를 수 있다는 것을 인식하며 자기 성찰을 시작함
3단계	제3자적 조망수용 (10~12세)	자신과 상대의 상황을 같이 고려해 제3자의 처지에서 객관적으로 판단할 수 있는 도덕성 단계
4단계	사회관습적 조망수용 (12~15세)	사회적으로 합의된 가치에 비추어 판단(많은 사람이 사형제도에 찬성하더라도 "나는 반대해"라고 말하기도 함)

'우리 아이는 다른 사람의 세상을 바라보는 눈이 자라는 중이야'라고 생각하면 이해의 폭도 넓어질 수 있어요. 연령에 따라 다른 사람에 대한 감정과 사고가 발달하는 것처럼 공감능력도 그에 따라 지속적으로 발달합니다. 특히, 모든 발달 단계마다 부모의 반응과 감정교류가 아이의 공감능력을 높이는 데 영향을 미쳐요. 부모가 마음을 알아준다면 아이는 자기감정을 이해받으며 상대 처지에서 생각해볼 줄 아는 눈도 기를 수 있어요.

☺ 다른 사람의 세상을 볼 수 있게 기다려주세요

'자기중심성'은 지나치면 문제가 되지만 꼭 필요하기도 합니다. 너무 없으면 친구들의 말과 생각을 자기 기준으로 삼을 수 있고, 친구들 말만 따르다 보면 자아가 제대로 뿌리내리기 힘들겠지요. 남이 아니라 내가 바라는 것을 알고 또 건강하게 이루기 위한 원동력으로 삼는 시간도 꼭 필요합니다.

아메리칸 인디언인 샤이엔족에게는 이런 속담이 있습니다. "네 이웃의 모카신을 신고 두 달 동안 걸어보기 전에는 그를 판단하지 마라." 즉 역지사지하라는 말이지요. 아이가 조금씩 다른 사람의 세상을 보게 될 때까지는 아이 처지에서 생각해보세요. 네 살 이후에는 가까운 사람을 위해 자기만족을 포기하고 조금씩 기다릴 줄도, 어울리는 법도 배우게 되지만 초등학생이 되어도 어른을 기준으로 보면, 겉으로는 어른스러워 보인다 해도 살아온 시간도 경험도 많지 않지요. 자기 경험을 기준으로 다른 사람에게 공감할 수 있는 폭도 넓지 않습니다.

그러니 친구를 놀렸다면 "친구를 놀리면 못써"라고 말만 할 것이 아니라 아이 경험을 예로 들어 친구 마음을 상상하고 들여다볼 수 있게 해주세요. "지난번에 호철이가 놀렸을 때 너 속상해서 울었지. 너도 놀림을 받으면 속상할 수 있어"라고 말이지요. 알고 경험한 만큼 보이고 들립니다.

말 너머의 것도
듣고 바라보아야 할 때가 있어요

들리는 대로 듣지 말고 때로는 여러 각도에서 '진짜 의미'를 생각해보는 것이 공감하려는 노력입니다.

중요한 시험에서 성적이 잘 안 나왔는데도 기세등등한 6학년 딸을 보고는 말문이 막혔다며 한 엄마가 한탄했습니다. 이 엄마가 "윤아 너, 엄마 말 안 듣더니 잘했다. 너는 성적표 보고 느낀 것도 없니?" 하면서 아이를 윽박질렀대요. 그랬더니 이 아이가 "후회 안 해!" 하고는 제 방 방문을 쾅 닫고 들어갔대요.

이 엄마가 걱정 가득한 얼굴로 물었습니다. "혼을 내면 도리어 큰 소리만 쳐요. 성적이 저렇게 좋지 않게 나온 걸 절대 후회 안 한대요. 잘하고 싶은 마음이 전혀 없는 거죠?" 그런데 어쩌면 아이 스스로도 후회스럽고 자기 자신에게 화가 나서 그러지 않았을까요? 정말 공부를 잘하고 싶지 않았을까요?

다방향 생각 레이더를 돌리면 보이는 아이 속마음

2017년 한 교육기업에서 초등학생 1,800여 명과 학부모 750명을 대상으로 초등학생부터 고등학생까지 가장 큰 고민거리가 무엇인지 조사했습니다. 가장 잘하고 싶은 것은 무엇인지도 물었는데요. 가장 많이 나온 대답은 무엇이었을까요? 바로 '학교 공부'와 '공부'였습니다. 세상에 공부를 잘하고 싶어하지 않는 아이는 없습니다. 단지 잘하는 방법을 모르거나 잘되지 않아 힘들어할 뿐이지요.

윤아도 아마 그랬을 겁니다. "후회 안 해"라는 말은 '더 열심히 할걸'이라는 말이었을 수도 있고요. 마음도 몰라주고 혼만 내는 엄마가 야속해서 반대로 표현한 것뿐이었을 수도 있어요. '그럴 줄 알았다'고 하는 엄마의 비난과 잔소리로부터 자신을 보호하기 위한 방어기제가 작동한 것입니다.

윤아가 그랬듯이 아이가 하는 말은 반대로 들어야 할 때도 있습니다. 사춘기 문턱에 들어서게 되면 "엄마는 몰라도 돼""내가 알아서 할 거야""신경 쓰지 마" 같은 말이 단골처럼 등장합니다. 많은 부모가 아이 말을 곧이곧대로 받아들이면서 속상해하는데, 사실 아이가 하는 말 속에는 여러 다른 의미가 있습니다. "지금은 말하고 싶지 않아요""엄마한테 걱정 끼치고 싶지 않아요"와 같이 말이지요.

말 너머의 말까지 들으려고 노력하는 것도 공감의 한 방법입니다. 아이 처지에서 생각 나침반을 여러 각도로 돌려보면 진짜 속마음이 보이기도 합니다.

부모의 말과 행동, 아이는 다 보고 있어요

속마음을 숨기고 반대로 이야기하는 아이들처럼, 부모도 말과 다른 표정을 지어서 아이들에게 혼란을 줄 때가 있다는 것을 알고 있나요?

한 아빠가 아이 성적에 큰 기대를 걸고 있었습니다. 아이가 마침 학원에서 모의고사를 봤는데 성적이 기대에 미치지 못하자 걱정이 앞서면서 실망감이 몰려왔습니다. 하지만 '아이에게 격려를 해줘야 좋은 아빠지' 하는 생각이 들어 불안함을 드러내지 않으려고 노력하면서 "잘했어"라고 말했어요.

그런데 아이가 아빠에게 이렇게 말했습니다. "아빠, 죄송해요. 많이 실망하셨지요." 아이가 어떻게 아빠 속마음을 알았을까요? 아빠가 "잘했어"라고 말하면서 자신도 모르게 '휴' 하고 깊은 한숨을 내쉬었기 때문입니다. 다른 대화를 볼까요?

> 아이: 엄마, 나 사랑해?
>
> 엄마: (쳐다보지도 않고 청소만 계속하면서) 그럼. 사랑하지.
>
> 아이: 나 사랑한다면서 왜 쳐다보지도 않고 이야기해?
>
> 엄마: 사랑한다고 했잖아. 몇 번이나 말해. 그만 귀찮게 하고 혼자 좀 놀아.
>
> 아이: (엄마는 나를 사랑한다고 말은 하지만 진짜는 그렇지 않은 것 같아.)

부모가 "사랑해"라는 언어적 메시지를 주면서 말과 다른 표정을 지을 때 아이는 혼란스럽겠지요. "사랑해"라고 할 때는 눈을 마주치고 따뜻한 목소리로 말해주세요. '눈 맞춤'은 감정적 유대감을 형성할 수 있는 중요한 방법입니다. 한 연구에서도 아이가 엄마와 눈 맞춤이 부족하면 공감하는 것은 물론 감정조절에도 어려움을 겪는다고 합니다.

🙂 비언어적 표현에 익숙해져야 하는 이유

"말하지 않아도 알아요"라고 노래하는 광고 기억하나요? 우리는 아이가 하는 말을 거꾸로 들어야 할 때도 있고 광고 가사처럼 말하지 않아도 알아야 할 때도 있어요. 그래서 우리가 매의 눈으로 바라봐야 할 것이 있습니다. 바로 몸짓, 손짓, 눈빛, 표정 같은 것들로 생각이나 느낌을 나타내는 '비언어적 표현'이에요.

대화에서 시각과 청각 이미지가 중요시된다는 커뮤니케이션 이론인 '메라비언의 법칙(The Law of Mehrabian)'에서는 대화에서 말의 내용만으로 상대가 내 의도를 알아차릴 확률은 7%밖에 되지 않는다고 합니다.

그렇다면 어떻게 상대 의도를 알아차릴까요? 시각적 요소와 청각적 요소가 그것입니다. '시각적 요소'인 표정과 눈빛, 안아주거나 토닥임 같은 몸짓이 55%나 영향을 미친다고 해요. 말하는 내용 말고도 목소리의 높낮이, 음색 같은 청각적 요소도 의사소통에 38% 영향을 준다고 합니다.

북극에 사는 에스키모들은 눈을 일컫는 말이 20가지나 된다고 합니다. 내리는 눈, 쌓인 눈, 눈보라, 이글루를 잘라낸 눈덩어리까지 눈 종류에 따라 일컫는 말이 다 다른 이유는 그만큼 살아가는 데 중요하기 때문이지요. 아이들도 말이 서투르고 감정 표현을 잘 못해도 그 안에는 수많은 욕구와 생각, 감정이 있고 어떤 식으로든 신호를 보냅니다. 화날 때 연필깎이를 세게 돌리는 모습, 거칠게 책을 펴는 손길, 기분 좋으면 올라가는 입꼬리도 살펴보세요. 아이들은 표정으로, 눈빛으로, 목소리로 어떤 이야기를 전하고 있나요?

● **아이의 비언어적 표현 예시** ●

변화	감정
꽉 다문 입술	긴장, 안절부절못함, 동정심
입이 뾰족 튀어나옴	언짢음, 슬픔, 당황
호흡이 빨라짐	참지 못함, 두려움, 아픔, 절망, 슬픔
손톱을 물어뜯음	불안함, 초조함
고개를 아래로 떨어뜨림	자신 없음
주먹을 세게 쥠	화가 남

마음을 읽어주는 '~구나'체의 마법

때로는 감정을 해석하지 않고 편견 없이 있는 그대로 읽어줄 때 숨은 마음이 보이기도 합니다.

일상의 대화에서 종종 비공감으로 얼굴을 찌푸리게 하는 경우가 있지요. 한 엄마가 아는 엄마를 오랜만에 만난 반가움에 "요즘도 딸 공부 잘하죠? 어찌나 똑 부러지는지 볼 때마다 대견해요"라고 인사를 건넸다고 해볼까요? 하지만 그 엄마는 아이가 성적이 많이 떨어져 걱정이 가득한 상황일 수도 있어요. 때로는 아프고, 불편한 곳을 건드리는 일이 될 수 있다는 것도 알아야 제대로 된 공감입니다.

공감에서 중요한 것은 '있는 그대로' 바라보는 겁니다. '네가 말 안 해도 다 알아'라는 자세로 접근하지 않는 것이지요. 내 감정이나 편견이 들어가지 않도록 감정을 있는 그대로 읽어주세요.

하지만 아이 말은 두서가 없거나 표현력이 부족해 마음을 제대로 읽지 못할 때가 많습니다. 이럴 때 어떡하면 좋을까요?

😊 '있는 그대로' 보고 듣기

핵심을 비켜가지 않으면서 마음을 읽어주는 방법이 있어요. '거울식 반영법'으로 '미러링(mirroring)'이라고 합니다. 아이가 "엄마, 집에 오는 길에 친구가 시비 걸어서 기분이 나빴어요. 화가 너무 나요"라고 말하면서 들끓는 감정을 주체하지 못할 때 "세상에! 시비를 걸었어? 기분 나쁘고 화까지 났구나"라며 아이 말을 반영해서 이야기하는 것이지요. "친구가 저를 보더니 소리 질러서 깜짝 놀랐어요"라고 하면 "친구가 너한테 소리를 질렀단 말이지? 많이 놀랐니?"라고 거울처럼 반사하듯이 '중요 단어'를 활용해보세요.

"친구 때문에 속상해"라고 한다면 "친구 때문에 속상하구나. 어떤 친구 때문에 속상하니?" 또는 "무슨 일 때문에 속상하니?" 하고 조금 더 구체적으로 질문하며 대화를 이어나가보세요.

그런데 하나 알아둘 점이 있어요. 이때 "왜 그런 마음이 들었어?"라며 많이 생각해야 하는 질문을 할 경우, 어린아이들은 '왜'라는 말에 어떻게 답해야 할지 막막해지고 하고 싶은 말을 구체화하기 힘들어요. "너 도대체 왜 그래?" "왜 또 그러는 거야." "왜 자꾸 울어"라고 물어도 아이는 답하기 힘들 때가 많지요. 또 아이가 너무 속상해한다면 궁금증은 잠시 뒤로 미루고 먼저 공감하고 적어도 감정의 폭풍이 지나간 뒤 이야기를 나눠보세요.

☺ 아이가 보내는 마음의 단서들

말의 핵심내용을 활용해 말하면 이런 효과가 있습니다. 첫째, 감정을 잘못 읽을 확률이 낮아질 수 있어요. 둘째, 감정이나 상황을 적절히 이해했는지 아이 반응으로 확인할 수 있어요. 셋째, 내 감정을 알아준다고 생각해 위안을 얻고 내 말을 잘 들어준다는 생각에 마음을 열거나 적어도 대화의 물꼬를 트는 데 도움이 됩니다.

아이가 부모와 조금 떨어진 공간에서 뭔가를 할 때도 이런 반응을 보이면 '엄마가 내 말을 듣고 있구나' '나를 신경 쓰고 있구나'라고 생각해 안심하게 되지요. 하지만 앵무새처럼 말을 너무 따라 하며 반응하면 공감을 위한 공감이 되어버릴 수도 있어요. 듣고 따라 하는 것에 치중하면 아이 감정을 읽지 못하는 경우도 많습니다. 그러니 아이 말은 감정을 전달하기 위한 수단이라는 것을 알고 그 안의 메시지를 해석해야 합니다.

아이: 친구들이 나하고는 안 놀아.

부모: 친구들이 안 놀아줘서 속상한가 보네.

의미해석: 너도 같이 놀고 싶구나(메시지 해석).

마음을 읽어주고 메시지를 해석한 뒤 아이가 원하는 것을 이야기하면서 해결책을 떠올리게 하거나, 필요하면 도움을 주세요. 물론 해석하지 않고 그저 듣는 데만 집중해야 할 때도 있습니다.

잘하고 싶은데 자신이 없고 무기력하게 느끼거나, 거절당할까 두려운 아이는 반대로 이야기하는 경우도 있어요. 아이들은 자기 의도를 표현하는 것이 서툰데, 숨은 마음까지 헤아리는 게 쉽지 않지요. 가령, 친구 장난감을 갖고 싶은데 "시시해" "뭐 이런 게 좋다고"라고 반대로 이야기하기도 합니다. 그럴 때는 표정과 눈빛, 몸짓까지도 함께 단서 삼아보면 숨은 마음이 보이기도 합니다.

● 아이 말을 반영해 반응하는 공감의 기술 ●

1. 아이 말을 '있는 그대로' 듣는다.
2. 말에서 '중요 단어'를 찾는다.
3. 중요 단어를 활용해 거울을 반사하듯이 한 번 더 말해준다.
4. 대안을 제시하거나 아이 스스로 답을 찾을 수 있게 한다.

'선공감'과 '후공감'의 타이밍

공감에도 타이밍이 있습니다. 공감해주면서 가르쳐야 할 때도 있고, 시간이 흐른 뒤 아이가 깨달은 것이 있을 때 그런 아이의 기특함에 공감해야 할 때도 있습니다.

선공감에 힘을 줘야 할 때

몸이나 마음을 다친 아이에게는 "아팠겠구나"라고 곧바로 공감하며 아프고 놀란 마음을 진정시켜주세요. 잘못된 행동을 고쳐야 할 때는 아이가 왜 그런 행동을 했는지 아이 '욕구'를 읽어주며 "엄마는 네가 왜 그랬는지 알아"라고 말하면서도 '어떤 행동'을 고쳐야 할지는 단호하게 이야기하세요.

예를 들어 축구를 하다가 친구를 밀어버린 아이가 화가 나서 씩씩거리며 "쟤가 제 공을 빼앗았어요"라고 했다고 해볼까요.

아이가 잘못한 행동이 있을 때는 네가 한 행동이 어떤 영향을 줄 수 있는지, 어떡하면 좋을지 '잘못된 행동 → 행동이 주는 영향 → 이렇게 해보자(대안)'라는 것을 이야기해주세요.

그런데 이때 중요한 것은 "친구가 공을 뺏어서 화가 났구나. 공을 찾아오고 싶었던 거지?"라는 식으로 아이 마음을 알고 있다는 것을 이야기해주는 것입니다. 가르치기 전에 '선공감'을 해주는 것이지요. 아이들은 무조건 혼내면 잘 듣지 않는 경우도 많기 때문입니다. 그러고는 말해주세요. "친구를 밀면 다칠 수 있어. 그때는 밀지 말고 '내 공 빼앗지 마(또박또박 천천히 말하며).' 이렇게 네가 무슨 말을 하고 싶은지 정확히 표현하는 거야, 알았지?" 이런 식으로 말이지요.

🙂 후공감에 힘을 줘야 할 때

시간이 흐르고 나서 '후공감'에 더 힘을 줘야 할 때도 있어요. 민영이는 해가 질 때까지 밖에서 뛰어놀다 집에 돌아와 책상 앞에 앉습니다. 그러면 졸음이 쏟아지지요. 그때마다 "숙제하기 싫어. 혜미도 어제 숙제 안 해왔어. 나도 안 할 거야"라고 징징댑니다. 안 하겠다고 고집 부릴 때 "그래, 많이 피곤하구나. 숙제 다음에 할까"라고 공감만 한다면 무슨 일이 있을 때마다 "엄마, 나 못해. 힘들단 말이야"라면서 미루는 일이 버릇이 될 수도 있습니다.

아이 상태가 세수를 하고 와서 숙제를 마칠 수 있을 정도라는 판단이 든다면 힘들고 피곤해도 할 일을 하게 하고, 숙제를 다 끝냈다면 "졸린 데도 참고 숙제 다 하는 것을 보니 대견하네"라고 칭찬해주세요. 숙제를 안 해간다고 고집을 부리면, 빈 공책을 들고 가서 혼이 나는 경험을 해보게 하는 것도 '다음에는 꼭 할 거야'라는 마음을 먹게 하는 방법이기도 합니다.

번지수를 모를 때는
물어서 찾아가기

아이 삶의 스토리 속에서 퍼즐을 맞춰나가듯 생각하고 반응하며
건네는 말이 마음을 읽어주는 진짜 공감어가 될 수 있습니다.

아이 감정이나 상황을 잘 모르겠다 싶을 때 공감하려면 모르는
것은 차라리 물어보는 것이 낫습니다. 번지수를 모를 때는 물어
서 찾아가보세요. 표정만 보고 "화났니?"라고 물어보면 "네, 화
났어요"라고 말할 수도 있지만 "아니요. 그냥 너무 창피해요"라
고 예상치 못한 말을 할 수도 있습니다. 잘 모르겠다면 섣불리
예상하기보다 "지금 기분이 어때?"라고 열린 질문을 해보는 것
도 좋아요.

"어떤 일 때문에 창피하다는 생각이 들었어?" "어떤 상황에서
창피하다고 느꼈는지 말해줄 수 있어?"라고 물어보며 아이 말에
귀 기울여보세요. 상황을 멋대로 해석하거나 단정지어 말하지 말

고 아이 말을 다 듣고 생각해보겠다는 마음으로 경청하면 아이 마음에 머물러보는 눈도 자라면서 대화가 엉뚱한 길로 흘러가는 일도 확연히 줄어듭니다.

"괜찮아"라는 말이 늘 통하지는 않아요

아이 감정을 잘 못 읽어주는 것을 넘어 부모 마음대로 평가하거나 판단하거나 감정을 축소하는 경우도 있어요. 위로하는 말로 "괜찮아"가 아니라 상황을 빨리 정리하려는 마음에서 나오는 "괜찮아(그것 가지고)"라는 말인데요.

상담 수업 시간에 공감대화를 주제로 이야기를 나눴던 내용을 일상의 대화로 바꿔봤어요. 우리가 혹시 아이 감정을 축소하지는 않는지 이 대화를 읽으며 생각해볼까요?

민지: 엄마, 장수풍뎅이가 안 움직여요. (울면서) 여기 보세요. 내가 얼마나 좋아하는 친구인데….

엄마: 괜찮아. 그냥 곤충일 뿐인데 뭐. 세상에 영원히 사는 게 어디 있니. 괜찮아, 또 사줄게.

민지: 엉엉엉(더 크게 운다), 다른 곤충은 싫어요.

엄마: 죽으면 방법이 없지. 다른 곤충 사준다는데 왜 울어. 뚝!

민지는 친구였던 장수풍뎅이가 하늘나라로 갔으니 얼마나 슬 펐을까요? 그런데 엄마는 위로한다면서 아이가 느끼는 슬픔이라 는 감정을 '괜찮다'는 말로 축소하려고만 했어요. 슬픈 감정이 괜 찮아졌으면 하는 마음에서 그랬겠지만 '나는 슬픈데 왜 괜찮다 고 하지?' '울고 싶은데 왜 울지 말라고 하지?'라고 느끼는 일이 반복되면 자기감정을 믿지 못하게 됩니다. '슬프지 않은 것에 눈 물이 나는 내가 이상한 건가?' 하며 혼란스러울 수도 있지요.

친구였던 곤충이 하늘나라로 가서 슬프고 그리운 아이에게 '다른 곤충'을 사준다고 하면 위로가 될 리 없겠지요. 민지는 그 만 더 크게 울며 다른 곤충은 싫다면서 대화의 문을 닫고 말았습 니다. 아이 마음을 자연스레 공감해줬으면 어땠을까요?

민지: 엄마, 장수풍뎅이가 안 움직여요. (울면서) 여기 보세요.
      얼마나 좋아하는 친구인데….
엄마: 많이 놀랐겠다! 친구를 못 본다니 마음이 아프겠어. 엄마
      도 슬프네.
민지: 매일 이야기도 나누고 먹이도 잘 줬는데….
엄마: 그래, 잘 보살펴줬지.
민지: 하늘나라에서 행복하게 살게 잘 묻어줄래요.
엄마: 그래, 친구가 하늘나라에서도 잘 지내게 정성껏 묻어주자.

슬픈 마음을 알아주니 민지는 엄마에게 친구에 대한 기억을 자연스레 풀어놓았고, 감정이 잦아들자 죽은 곤충을 어떡하면 좋겠는지 말하면서 감정을 추슬렀습니다. 아이가 슬퍼할 때 감정은 헤아려주지 않고 해결책만 빨리 찾아내려 하지는 않았나요? 또 이런 말을 자주 하지는 않나요?

- 뭐, 그 정도로 그래.
- 울지 마, 괜찮아.
- 너만 그런 거 아니야. 요란 좀 떨지 마.
- 누가 보면 큰일 난 줄 알겠다. 그만 좀 해.

생각해볼까요? 혹시 우리는 괜찮지 않은 아이에게 괜찮도록 감정을 강요하거나 무시하지는 않았나요?

☺ 행동의 이유를 퍼즐처럼 맞춰봐야 할 때도 있어요

'그것 가지고 뭘'이라는 마음이 들어도 아이 처지에서 "~구나"라고 마음을 읽어주다 보면 그제야 아이의 말과 행동이 이해되기도 합니다. 예를 들어 친구 집에서 즐겁게 논 뒤 "집에 가자" 했더니 옷을 입기 싫다며 짜증내는 아이에게 "옷이 왜 입기 싫어?"라고 혼냈다면 왜 옷을 입기 싫은지 아이 처지에서 생각해보세요. 옷을 걸치기 싫어서가 아니라 옷을 입으면 집에 가는 거라는 것을 이미 알기 때문일 수도 있거든요.

예전에 비슷한 반응을 보였을 때는 어떤 상황이었는지, 아이 삶의 스토리 속에서 퍼즐을 맞춰나가듯 생각하며 반응해주세요. 그럴 때 건네는 부모의 말은 마음을 읽어주는 진짜 공감어가 될 수 있어요.

단점도 장점으로 바라볼 때 생기는 일

부모의 따스한 눈길로 '자기수용력'이 높아진 아이는 어떤 모습이든 '현재의 나'를 소중한 일부로 받아들일 줄 알게 됩니다.

아이를 얼마나 알고 있는지 생각해보려고 엄마들과 함께 아이의 장단점 찾기 활동을 할 때가 있습니다. '단점 쓰기'를 할 때 생각만 해도 화가 났는지 휙 갈겨쓰면서 빛의 속도로 마무리한 엄마가 있었습니다. 그러고는 이렇게 말했어요. "장점은 아무리 찾아도 몇 개 없는데, 억지로 다 쓸 필요는 없죠?"

우리는 아이에게 "쟤는 왜 이렇게 까다로운 거야" "왜 이렇게 느려 터졌어" "누구를 닮아서 저런 거야"라며 불만을 표출하기도 하고, 원하는 모습이 아니어서 답답해하기도 합니다. 하지만 아이들은 이런 마음이었을 수도 있어요. '나도 잘하고 싶어. 그런데 잘 안 되어서 답답해.'

헬렌 켈러가 한 명언 중 이런 것이 있어요. "행복의 한쪽 문이 닫히면 다른 쪽 문이 열립니다. 그러나 흔히 우리는 닫힌 문만 바라보다 열려 있는 다른 문을 보지 못하곤 합니다." 우리 아이의 열린 문은 어디인가요? 단점도 생각에 따라 장점이 될 수 있습니다.

☺ 타고난 것은 단점으로 보지 말기

"너는 나랑 안 맞아" "너는 도대체 성격이 왜 그래!" 이런 친구의 말에 쉽게 상처를 받고 오래 담아두는 아이가 있는가 하면, 기분이 나빠졌다가도 금세 "화가 나서 그런 말을 한 건가봐"라며 마음을 풀고 친구 마음을 한번 생각해보기도 하는 아이가 있습니다. 왜 이런 차이가 날까요?

내 모습을 있는 그대로 인정하고 받아들이고 허용하는 것을 '자기수용'이라고 해요. 자기수용을 잘하는 아이는 자존감이 높은 경우가 많습니다. 그래서 친구들이 어떤 지적을 하면 '내가 잘못한 것이 뭘까?'라고 곰곰이 생각해보고 이유가 타당하지 않으면 '난 왜 그럴까?'라며 자신을 탓하거나 결점을 비난하지 않지요. 다른 사람이 내 모습을 지적하고 비난해도 크게 상처입지 않는 이유 가운데 하나는 아이 모습을 '있는 그대로' 바라보고 사랑해준 부모가 긍정적 영향을 미쳤기 때문입니다.

하지만 단점을 너무 많이 지적받으면 다른 사람의 평가에 민감해져 '내가 가진 것'이 얼마나 값진지 온전히 바라보지 못합니다. 그러니 적어도 타고난 것, 노력해도 당장 바꾸기 힘든 것들은 자꾸 지적하지 않았으면 합니다. 태어날 때부터 보이는 성격상 특징을 '기질'이라고 하지요. 순한 아이, 느린 아이, 까다로운 아이에 이르기까지 여러 기질이 있지만 타고난 것인만큼 당장 바꾸기가 힘들어요. 아이에게도 당장 바꿀 수 없는 것을 자꾸 지적하면 괜한 자존감만 떨어질 수 있고 '지금 그대로' 인정하고 사랑하는 내면의 힘을 키우기 힘들어질 수 있습니다.

부모와 아이가 많이 다르면 부모는 '얘는 키우기가 왜 이렇게 힘들어'라고 느낄 수 있고 양육 스트레스도 높을 수 있어요. 하지만 아이들은 하늘의 별처럼 성격과 모습이 제각각 다릅니다. 아이의 '다름'을 인정하고 아이와 나는 다른 존재라는 것을 깨달을 때 공감의 눈으로 아이를 바라볼 수 있습니다.

부정적인 말로 아이 모습 규정짓지 않기

아이들은 부모의 '말'로 자기 모습을 규정지을 수도 있어요. 현진이는 친구에게 말하는데 목소리가 기어들어갑니다. 답답해하던 부모가 이렇게 대변해줬습니다. "우리 딸이 소심해서 그래. 네가 이해해." 그런데 이 말을 들은 딸은 어떻게 생각했을까요? '난 소심한 성격이구나'라며 자기 성격을 규정지어버릴 수 있겠지요. '소심한 것은 이해받아야 하나봐'라며 위축될 수도 있습니다.

느린 아이는 '빨리빨리' 하라고 자꾸 재촉하면 '다른 사람이 훨씬 빨리 하고 잘하네. 난 자신 없어'라며 위축되거나 자신감이 떨어질 수도 있어요. 더 빨리 하려다 포기하지 않도록 시간을 여유 있게 두거나 느리더라도 기다려주세요.

'낙인효과'라는 것이 있어요. 부정적인 낙인이 찍힌 사람이 부정적인 행동을 하게 되는 것을 말하지요. '이런 게 단점이야'라는 부모 말에 '내 단점은 이거야'라고 규정해버릴 수 있어요. 우리는 어떤가요? "나는 느린 아이야" "난 예민한 아이야"라며 아이가 자신을 부정적으로 바라보게 하지는 않나요?

☺ 작은 장점도 찾아서 자신감을 높여주세요

단점을 뒤집어보면 장점이 되기도 합니다. 소심한 아이는 '상대방이 나를 어떻게 생각할까?' 많이 생각하고 고민도 하지만 세심하다는 장점이 있지요. 수다쟁이라면 성격이 활발하고 친구들과 어울리는 것을 좋아한다고 생각할 수도 있습니다. 작은 장

● 우리 아이의 장점은? ●

점도 찾아서 자신감을 높여주세요. 아이들은 믿는 대로 자란다
는 말이 있듯이 느린 기질에 내향적이라면 "왜 이렇게 느려 터
졌니?"보다 "넌 신중하고 차분한 성격이 장점이야"라고 말해주
세요. 기질이 쉽게 바뀌지는 않지만 부모가 어떻게 상호작용을
하고, 어떤 양육태도를 보이느냐에 따라 긍정적인 방향으로 바
뀔 수 있습니다.

'장점 찾기' 활동도 함께해보세요. 작은 장점까지 끌어모아
20가지 이상 큼직하게 써보세요. 너무 많다고요? 이렇게 해야
'나'에 대해 깊이 들여다볼 수 있어요. 자존감이 낮은 아이라면
"이게 무슨 장점이야"라며 인정하지 않을 수도 있습니다. 하지만
긍정적인 상호작용을 하면서 부모가 아이를 인정하고 존중하는
태도를 계속 보여주면 '난 이런 것은 잘해' '이런 것은 내 장점이
지' 하며 아이도 점점 자기 장점을 발견하고 받아들이게 됩니다.

● 역발상 육아법 ●

아이의 단점	장점으로 바라보기
우리 아이는 공부에 통 관심이 없어.	공부에는 관심이 없지만 사람들에게는 관심이 많아.
우리 아이는 너무 소심해.	신중하게 생각하고 말하는 성격이야.
우리 아이는 (~해). 하지만	( )하는 게 장점이야.
우리 아이는 (~해). 하지만	( )하는 게 대견해.

　부모의 따스한 눈길로 '자기수용력'이 높아진 아이는 "난 그림은 못 그리지만 노래는 잘해"라는 식으로 어떤 모습이든 '현재의 나'를 소중한 일부로 받아들일 줄 알게 되지요. 친구를 바라볼 때도 나와 같이 공감의 시각으로 볼 수 있어요. "저 친구는 운동은 못하지만 다른 사람을 재미있게 해주는 재주가 있어"라며 누구나 잘하는 것도 있고 못하는 것도 있지만 존재 자체로 '소중한 사람'이라는 사실을 깨달을 수 있어요.

혼내거나 비난하지 않아도 부드러운 말의 힘으로 아이를 변화시킬 수 있어요. 아이들은 마음이 부드럽게 자극받으면 움직이게 되니까요. 희망적이고 행복하고 즐거운 느낌을 가득 담은 말을 자주 해보세요. 사랑과 공감, 인정받는 기분을 느끼면 생각과 행동이 긍정적으로 바뀔 수 있어요. 우리는 평소에 어떤 긍정적인 대화로 관계의 온도를 높이나요? 긍정적인 말로 아이의 자기주도성과 자기조절력은 물론 실패에도 꿋꿋한 마음의 힘도 길러줄 수 있어요. 아이를 움직이게 하는 공감의 실전기술, 그 비밀을 알아볼까요?

3교시

아이를 움직이게 하는
공감의 실전기술

아이를 성장시키는
황금칭찬

노력하는 과정에 의미를 두고 잘한 점을 구체적으로 칭찬해주세요. 아이는 칭찬받으며 배우고 성장합니다.

아이들을 웃게 하는 것으로 칭찬만 한 게 없지요. 칭찬은 우리 몸에도 긍정적인 영향을 미칩니다. 뇌파와 호르몬에 영향을 미쳐 마음이 안정되고 기분이 좋아지며 어렵게 느껴졌던 일도 '꼭 도전해볼 거야' 하는 의욕이 샘솟기도 해요. 긴장이 풀리면서 긍정적인 감정상태를 가지게 되고 뇌 혈류량이 증가해 두뇌도 활발하게 움직입니다.

보통 칭찬할 때 목소리는 밝고 부드럽지요. 자신을 바라보며 웃는 부모의 얼굴과 말투를 보고 들으면서 '나 잘하고 있어'라며 자기 능력에 대한 믿음을 키울 수 있어요. 어떤 칭찬이 성장의 동력이 되고, 어떤 칭찬은 힘이 떨어질까요?

평가가 들어간 칭찬은 줄여요

진심에서 나오는 것이 아니라 어떤 목적을 가지고 아이를 이 끌려는 목적이 있는 칭찬은 힘이 떨어질 수 있습니다.

"아유, 잘 그렸네. 이 정도면 그림 잘 그리는 반장도 금방 따라 잡겠어."

"2등도 잘했어. 금방 1등 하겠네."

"100점 맞았네. 너는 정말 천재야! 다음에도 100점 맞자."

과잉기대를 하며 평가하고 그 기대에 맞춰 움직이게 하려는 의도가 있다면 '잘해야 해'로 들려 부담을 느낄 수 있습니다.

하지만 자기 능력을 믿고 긍정적인 기대를 가질 수 있게 하는 칭찬도 있어요. 하버드대학교 심리학과 교수였던 로버트 로젠탈은 초등학생을 대상으로 실험을 했습니다. 지능검사 후 무작위 20% 학생들의 명단을 교사에게 전달하며, 지능지수가 높으니 공부를 잘 할 수 있을 것이라고 속였어요. 8개월 후 지능검사를 다시 했는데 결과가 어땠을까요? 놀라운 사실은 그 학생들의 지능과 성적이 실제로 향상되었다는 것입니다. 어떻게 이런 일이 생겼을까요? 그 학생들에게 긍정적인 기대감을 갖게 된 교사가 칭찬과 격려를 해주었고 학생들도 거기에 부응해 열심히 노력했기 때문이었죠.

이처럼 다른 사람의 기대나 관심 덕에 능률이나 결과가 좋아지는 현상을 '로젠탈 효과'라고 합니다. 다른 사람에게 인정받으면 자신도 모르는 능력을 발휘하게 된다는 거지요. 부모도 "넌 잘할 수 있을 거야" "해낼 수 있을 거야"라는 긍정적인 기대를 갖고 격려해주면 "난 할 수 있어!" 하며 자기 능력을 믿고 자신을 가치 있는 존재로 인식할 수 있어요. 살면서 힘든 일이 닥쳤을 때 자기 능력을 믿고 노력하면 무사히 헤쳐 나갈 수 있다는 자기 확신이 있는 사람이 되는 겁니다.

☺ 노력하는 과정을 칭찬해야 하는 이유

결과보다 과정과 노력을 칭찬하라는 말을 많이 하지요. 왜 그럴까요? 어떤 결과를 얻었는지보다 '어떤 과정을 거쳐 무엇을 배웠나'에서 의미를 찾을 수 있으니까요. 두려웠지만 도전했다면 "겁이 나도 해봤다는 게 기특해"라고 말해주세요. 힘들지만 약속을 지켰다면 "약속을 잘 지키려고 애쓰는 모습이 대견해"라며 노력을 칭찬해주세요.

노력한 과정의 의미를 안다면 좋은 결과를 얻지 못해도 '노력했으니까 괜찮아. 다음에 잘하면 되지'라며 긍정적으로 생각할 수 있어요. 성취의 기쁨만 있고 노력하는 과정에서 의미를 찾을 수 없다면 삶은 얼마나 삭막할까요?

아이의 노력이 주변에 어떤 영향을 미쳤는지도 이야기해주세요. "네 작품이 있으니 진열장이 아주 환해졌네. 봐봐. 그렇지?" 자신의 눈길과 손길이 스친 것에서 의미를 찾아주는 사람이 있다는 것을 알게 되면, 아이는 그런 경험이 쌓여 어느 순간 남들은 몰라도 스스로 기특하게 보이면서 뿌듯해합니다.

한 예능 프로그램에 출연한 가수 이효리도 이처럼 자신을 기특하게 보는 순간이 많아질수록 자존감이 높아진다면서 남편 이상순 씨와 있었던 일을 들려주었어요. 남들이 보지도 않는 나무 의자 밑바닥에 열심히 사포질을 하는 남편에게 "남들은 봐도 알지 못하는 부분까지 왜 그렇게 열심히 해?"라고 물었더니 남편이 이렇게 대답했다고 해요. "내가 알잖아!" 그 말에 이효리 씨는 큰 깨달음을 얻었다고 합니다. 누가 알아주지 않아도 내가 나를 기특해하는 순간을 찾을수록 자존감이 높아질 수 있습니다. 아이들이 '과정'에서 의미를 찾을 수 있게 도와주세요.

칭찬도 마음의 온도에 맞춰 해주세요

칭찬도 효과가 떨어질 때가 있어요. 언제일까요? 습관을 넘어 '남발'할 때인데요. 칭찬을 받지 않을 때는 오히려 '내가 너무 못했나?' 싶어 위축되기도 하지만 평소 칭찬 수위가 너무 높기만

했다면 웬만한 칭찬에는 꿈쩍도 안 할 때가 있어요.

마음의 온도에 맞춘 칭찬이 필요할 때가 있습니다. 미영이가 학교에서 만든 작품을 가지고 왔는데 표정이 영 좋지 않았어요. 그래서 엄마는 "잘 만들었네. 최고야"라고 폭풍 칭찬을 했지요. 그러자 미영이가 울음을 터뜨리면서 말했어요. "종이가 찢어졌잖아. 왜 잘 만들었다고만 해!" 미영이는 잘 못 만들었다고 생각해 속상한 마음이 컸는데, 이런 감정을 살피지 못한 엄마는 딸에게 마음도 몰라주는 무심한 사람이 되고 말았어요. 아이가 노력한 것에 대해 엄마가 어떻게 생각하는지 이야기해보면 진심이 전달될 수 있습니다.

"열심히 만들었는데 종이가 찢어져 속상하겠다. 그래도 엄마는 네가 완성한 것을 보니 끝까지 만들려고 노력한 모습이 좋아. 대견해, 우리 딸."

작품을 잘 만들었다고 칭찬받을 때보다 힘들었던 마음을 알아줄 때 더 위안이 되는 경우도 있습니다.

● 아이를 성장하게 하는 황금칭찬 ●

1	평가가 강조되는 칭찬은 줄여요.
	➡ "잘했네. 다음에는 꼭 1등할 수 있을 거야" "대단한데! 금방 네 친구 실력 따라가겠어" 같은 칭찬은 더 잘해야 한다는 부담을 줄 수 있어요.
2	성장형 사고방식을 길러주는 칭찬! 노력한 과정을 칭찬해요.
	➡ "정말 천재구나"보다 "정말 노력했구나"와 같이 지능이나 재능보다 노력을 칭찬해요. 좋은 결과를 얻지 못해도 노력의 의미를 배울 수 있어요.
3	칭찬도 마음의 온도에 맞춰!
	➡ 아이 감정과 빗나간 칭찬은 공감받지 못할 수 있어요. 속상한 마음은 공감하면서 칭찬해주세요.
4	여러 번 칭찬하는 것보다 진심을 담은 한 번의 칭찬이 힘이 더 큽니다.
	➡ 습관처럼 칭찬하거나 남발하면 '칭찬'의 힘이 약해질 수 있어요.
5	칭찬할 때는 구체적으로 콕 집어 이야기해주세요.
	➡ 무엇을 잘하는지 알 수 있고 '다음에는 이렇게 해야지!'라는 것을 배울 수 있어요.
6	잘한 일이 있을 때는 바로 칭찬해주세요.
	➡ 아이들은 '지금, 여기'의 일은 잘 기억하지만 한참 지난 일은 잘 떠올리지 못할 때가 많아요. 그 자리에서 적절한 타이밍에 칭찬해주세요.

자기조절력을 길러주는
공감언어의 힘

부모와 놀이로 정서적 교류를 하며 감정과 행동을 조절하고 통제하는 법을 배워나갈 수 있습니다.

'말의 힘'을 보여주는 다큐멘터리가 있었어요. 유리병 두 개 안에 쌀밥을 넣고 4주 동안 사람들이 오가며 두 병에 각각 긍정의 말과 부정의 말을 들려줬어요. 유리병 안에서는 어떤 변화가 나타났을까요? 긍정적인 말을 들려준 '고맙습니다'라고 쓰여 있는 병에는 하얀색 곰팡이가 생기고 누룩 냄새가 났어요. 부정적인 말을 들려준 '짜증 나!'라고 쓰인 병에는 까만색 곰팡이가 핀 데다 고약한 냄새까지 났어요.

말의 힘이 정말 놀랍지 않나요? 아이들도 짜증과 비난, 질책과 같은 부정적인 말 대신 긍정적인 말로 변화를 이끌 수 있습니다. 몇 가지 예를 보며 생각해볼까요?

☺ 잘한 순간을 포착해 행동을 바꾸는 공감언어,
"바로 그거야. 잘했어."

아이들에게 잘못된 행동을 이야기할 때 아이들은 정작 뭘 잘 못했는지 모를 때도 많아요. 지적받은 행동을 안 했을 때는 '무엇을 안 해서 잘했는지' 또 '무엇을 잘했는지' 구체적으로 얘기해주세요.

화장실에 갔다가 불을 잘 끄지 않는 아이가 있습니다. 그런데 "불 좀 꺼. 전기요금이 아깝지도 않니?"라고 아무리 잔소리를 해도 잘 고쳐지지 않습니다. 그렇다면 이렇게도 해보세요. 아이가 불을 껐을 때 아이에게 "어머! 우리 아들이 화장실 불도 잘 끄네. 바로 그거야. 잘했어. 다음에도 꼭 끄자"라고요. '이렇게 하면 되네'라고 깨달아야 변화도 찾아옵니다.

☺ 감정조절력을 기르는 공감언어,
"그럴 수도 있지"

놀이나 게임을 하다가 지면 결과를 받아들이지 못해 "나 안 할 거야"라며 화를 내거나 판을 엎어버리는 아이가 있어요. "너는 지면 꼭 화를 내더라" "놀이만 하면 친구 차례를 왜 못 기다리니?" 하며 아무리 혼을 내도 자기조절력이 약하면 이런 것이 잘

되지 않지요.

자기조절력을 길러주는 방법 가운데 놀이가 있습니다. 초등학생이 되면 '학원 갈 시간도 없는데 놀이라니?' 싶을 수도 있지만, 놀이는 아이가 자발적으로 참여해 효과가 높아질 수 있는 학습 방법이거든요. 그뿐인가요? 상대의 감정신호와 상황을 이해하고 공감하며 사회적 기술을 배워나가는 데도 도움이 됩니다. 시간을 뛰어넘는 집중력이 발휘되기도 하고, 뇌의 상당 부분이 사용되면서 뇌 발달에도 도움이 됩니다. 이제 초등학생에게도 '놀이'가 왜 중요한지 고개가 끄덕여지나요?

또 부모와 함께 놀이를 할 때 정서적으로 교류하며 감정과 행동을 통제하는 법을 배울 수 있어서 참 좋더라고요. 규칙을 정하고 지켜보는 연습도 해볼 수 있으니까요. 저는 아이들과 '그럴 수도 있지 게임'을 자주 했어요.

나무블록을 쌓아 올렸다 하나씩 빼는 '젠가'를 하며 이렇게 하기로 했지요. 블록이 무너져 내려 지더라도 쿨한 표정으로 '~한데 그럴 수도 있지'라고 외치는 것입니다. "세상이 무너진 것도 아닌데 질 수도 있지" "엄마가 아픈 것도 아닌데 무너지는 것쯤이야" 하며 의연해지는 마음 연습을 했어요. 화가 났을 때 자기통제가 안 되어 혼이 나고 또 '난 왜 그럴까'라며 죄책감을 자주 느끼면 부정적인 감정에 취약해질 수 있으니, 즐거운 분위기에서 감정을 조절하는 연습을 해본 거예요.

토론토대학교 연구진은 스스로에게 하는 혼잣말이 주의력을 높이고 자기통제에도 도움이 된다고 했는데요. 여기에 '자성예언 효과'까지 더해볼까요? '긍정적인 자기 암시'는 행동으로 옮겨지고 '실천'을 하게 되어 좋은 결과를 낳게 된다는 건데요. 자신이 지키고 싶은 것을 스스로 이야기해봤지요.

아이: 오늘은(도) 안 싸우고 즐겁게 놀 수 있어!

자기조절을 잘하는 아이는 부정적인 감정을 긍정적으로 전환하는 데도 비교적 능숙하지요. 아들은 "누가 다친 것도 아닌데 이쯤이야. 그럴 수도 있지" 했고, 딸은 "괜찮아. 엉덩이춤 추면 금방 잊어버리니까"라고 긍정적인 상황을 떠올리면서 미션을 완료했어요.

감정의 온도를 한 풀 죽이고 반대로도 달려갈 수 있어요. 그야말로 감정을 '조절'해본 것이에요. 이긴 사람은 훌쩍이는 척하며 "나 이겼어. 힝!"이라고 말하고, 진 사람은 반대로 "나 졌어!"라고 신나게 이야기해봤어요. 점점 변화가 생겼고 즐겁게 마무리할 때가 많아졌어요. 이겨야만 기분 좋은 게 아니라는 것도 느껴보고 해야 할 것과 하지 말아야 할 것도 깨닫게 되었습니다.

도덕성을 길러주는 공감언어,
"왜 안 했니?" 말고 "어떡하면 좋을까?"

초등학교 때는 자기조절력이 자라면서 도덕성도 빠르게 발달하는데 부모나 선생님이 지적하지 않아도 보람 있는 일을 하고 인정받는 경험을 자주 하면 스스로 만족할 만한 일을 찾아 나서기도 합니다. 그러면서 의미 있는 행동을 하려는 동기도 점점 강해지지요. 도덕성은 옳고 그름을 판단하는 능력을 말하는데요. 남의 처지를 공감하고 배려하는 능력, 자기 욕구와 감정을 조절하고 다음으로 미루는 자제 능력도 포함됩니다.

그런데 이것이 하루아침에 길러지는 것은 아닙니다. 의사결정과 의지, 판단력이 필요한 일이기 때문에 연습과 훈련이 필요해요. 아이가 스스로 생각하고 판단할 수 있는 질문을 해보세요. "왜 그랬니?"보다는 "어떻게 된 일인지 설명해줄 수 있니?"라고 하고, "왜 안 했니?"보다는 "어떡하면 좋을까?"라고 하는 것이지요.

아이들은 '무엇이 옳고 그른지' 판단하는 기준을 삼을 때 '부모' 행동을 모델로 삼는 경우가 많아요. 부모가 사소한 약속도 지키려 노력하고, 꼭 지켜야 한다고 생각한 것이 있으면 힘들어도 의지를 보이는 모습, 정직하려는 모습에서도 옳고 그름에 대한 기준을 세우면서 도덕성을 기를 수 있습니다.

긍정언어
사용설명서

긍정언어로 아이들 이름을 불러주기만 해도 아이들은 그 말처럼 반짝반짝 빛나기 시작합니다.

아이들은 부모가 무심코 내뱉는 나쁜 말도 쉽게 배웁니다. 한 아이가 "에이 짜증 나"라고 하자 엄마는 황당해서 '어떤 애한테 이런 말을 배워왔지?'라고 생각했대요. 그런데 조금 뒤 뭔가를 깨닫고는 얼굴이 달아올랐습니다. 투덜대며 이렇게 말하는 자신을 발견했기 때문이에요. "설거지가 왜 이렇게 많아. 에이 짜증 나!"

'긍정심리학'의 창시자 마틴 셀리그만은 부모의 언어습관이 자녀에게 미치는 영향을 연구했는데, 어머니의 낙관주의와 자녀의 낙관주의 수준이 매우 흡사하다는 것을 발견했어요. 평소 긍정적인 말이나 부정적인 말을 얼마나 들려주었는지가 자녀의 언어습관뿐만 아니라 생각하는 방식에도 큰 영향을 미친다는 것이지요.

어느 날 아이 말이 참 기분 좋게 느껴진 적이 있습니다. "엄마 덕에 맛있게 먹었네. 고마워" "아! 기분 좋다" "행복해" "일단 해 보자. 잘될 거야." 생각해보니 그때 자주 했던 말도 "네 덕에" "고 마워" "잘할 수 있을 거야." 이런 긍정의 말들이었습니다. 이런 아이들은 친구들에게도 "네 덕분이야" "최고야" 같은 기분 좋은 말을 자주 씁니다. 여러분은 평소 어떤 말을 자주 사용하나요?

🙂 긍정적인 감정 자주 표현하기

마틴 셀리그만은 연구에서 능력이 비슷한 경우 긍정적인 사람 이 부정적인 사람보다 성공할 가능성이 크다는 것을 보여주었는 데요. 기업에서도 긍정적인 말이 얼마나 중요한지 보여준 예가 있어요. 미국 노스캐롤라이나대학교 마셜 로사다 교수와 바버라 프레드릭슨 교수팀이 미국 60개 기업의 회의록을 분석했는데, 여 기에서도 긍정적인 단어와 부정적인 단어의 비율이 2.9:1 이상 인 기업은 성장했지만, 그 미만인 기업은 쇠퇴했다고 해요.

가정에서도 긍정적인 말을 자주 하면 좋은 관계를 유지할 수 있다고 합니다. 심리학자 존 가트맨 박사는 대화할 때 고마움과 존중, 배려, 호감과 같은 긍정적인 말과 비판, 책망, 원망 같은 부정적인 말은 최소 5 : 1 정도가 되어야 한다고 했어요. 긍정적인 대화의 비율이 더 낮아지면 결혼생활에 금이 가기 시작한다는 것이지요.

심리학자 바버라 프레드릭슨의 연구에서도 부모와 자녀가 대화할 때 긍정적인 말과 부정적인 말의 비율이 3 : 1이면 좋은 관계라고 예측할 수 있다고 했어요. 5 : 1일 경우에는 아주 돈독한 관계일 가능성이 크다고 합니다.

우리는 평소 어떤 긍정적인 대화로 관계의 온도를 높이나요?

"위안이 된다" "상큼해" "근사하다" "인정받는 느낌이야" "네 말을 들으니 마음이 따뜻해지는 것 같아." 이렇게 공기를 마시듯 긍정적인 감정을 찾아 대화를 나눠보세요. 긍정적인 감정만 표현했을 뿐인데도 기분이 좋아지지 않나요?

좋은 느낌을 주는 단어들로 이야기만 해봐도 몸과 마음이 편안해지는 것을 느낄 수 있어요. 희망적이고 행복하고 자랑스러운 감정처럼 긍정적인 느낌을 다양하게 활용해 대화하다 보면 사랑과 공감, 인정받는 기분도 느낄 수 있지요. 평소 사용해보면 좋을 긍정 단어들에는 어떤 것들이 있을까요?

● 긍정 단어 예시 ●

활력, 회복	차분함, 안도감	즐거움, 만족
자부심, 자신감	상쾌한	안정된
흐뭇한	긍지가 느껴지는	활기찬
한가로운	명랑한	당당한
힘이 넘치는	안심이 되는	흥이 나는
자랑스러운	쾌활한	편안한
재미있는	확신이 드는	생생한
평화로운	흡족한	확고한

이런 말을 자주 쓰면 언어능력 향상에도 도움이 될 수 있어요. 언어능력은 말을 잘 사용하는 능력이면서 다른 사람의 말이나 정보를 듣고 읽고 이해하는 능력입니다. 특히 초등학생의 언어능력은 '말을 잘하는 것'을 넘어 친구나 선생님과 소통하는 능력에 영향을 미치고 학습능력으로도 연결되기 때문에 아주 중요합니다. 표현하고 싶은 것을 잘 전달해 상대가 내 마음을 알아주고, 그로써 긍정적인 변화를 가져오면 '언어'에 대한 자기효능감이 높아질 수 있어요. 이것이 전반적인 어휘력 향상으로 이어지면서 언어의 유창성도 높일 수 있답니다.

😊 이름을 부르는 것은 존재 의미를 부여하는 것

아이들은 자기 능력을 잘 몰라서 부모가 하는 말을 '자기평가'로 받아들이는 경우가 많습니다. 고집이 센 아이에게 "너는 이기적이야"라는 말을 자주 하면 그 말을 자기 이미지로 받아들일 수 있어요. 예를 들어 자기 의견을 잘 표현하는 아이에게 "어쩜 이렇게 생각을 똑 부러지게 이야기할까. 아나운서 같아"라고 말해주면 "나는 아나운서처럼 말을 잘해"라며 좋은 이미지로 기억할 수 있어요.

이름을 불러준다는 것은 존재 의미를 부여한다는 거예요. "쾌활하구나" "당당해" "명랑해"와 같은 좋은 이미지의 말들로 아이를 불러주면 아이가 자신을 긍정적으로 바라볼 수 있지요. "어디에서나 당당한 혜정이" "명랑한 우리 성주." 이렇게 부르기만 해도 아이들의 존재는 그 말처럼 빛나기 시작합니다. 우리는 어떤 말로 아이를 반짝이게 하나요?

> ● **우리 아이를 반짝이게 해줄 이름 불러보기** ●
>
> • (   )한 우리 딸
> • (   )한 우리 아들

"안 돼"라는 말을 덜하면서도
제대로 하는 법

갈등 없이 설득력 있게 마음을 움직이는 방법을 배우는 것도
'공감능력'을 기르는 과정입니다.

안 된다는 말을 너무 자주 하면 아이는 중요한 선택을 해야 하거나 결정을 해야 할 때도 입을 닫습니다. "말해봐야 안 된다고 할게 뻔해." '엄마·아빠=거절하는 사람'이라는 공식으로 기억되지 않으려면 "안 돼"라는 말을 하는 데도 '기술'이 필요합니다. 어떡하면 이 말을 덜하면서도 효과적으로 할 수 있을까요?

안 되는 이유를 설명해주세요

아이들이 말귀를 알아듣기 시작하면서부터 허용하면 안 되는 상황일 때는 "안 돼"라고 짧게 말하며 위험한 것을 치우거나 아

이를 그 자리에서 떨어뜨려놓으며 '안 된다는 것'을 확실하게 알려주어야 해요. 좀더 자란 아이에게 "안 돼"라고 할 때는 간단히 이유도 이야기해줍니다. "만지면 안 돼. 뜨거워서 손이 아플 수 있어!"

이렇게 하는 이유는 아이가 아니라 그 상황이나 행동이 안 되는 거라는 것을 알려줌으로써 '너를 거절하는 것이 아니야'라고 느낄 수 있게 하려는 것이에요. 무엇이 안 되는지 직접 보여주며 어떻게 하라는 것인지 가르치기 위해서입니다.

그 때문일까요? 초등학생인 아이들은 엄마가 안 된다고 단호하게 말할 때 '엄마가 저렇게까지 안 된다고 하면 그 이유가 있을 거야'라고 생각하면서 이유를 들어보고 질문도 합니다. "엄마, 그러면 어떡하면 좋을 것 같아?"라고 물으면서 허용되는 방법을 찾기도 합니다. 상황 판단력이 생긴 아이는 그 생각이 타당하지 않다고 느끼면 설득의 기술을 발휘하기도 해요.

효과적인 '안 돼' 말하기에는 구체적으로 어떤 행동을 왜 하지 말아야 하는지 이유를 간단히 말해주세요. "이렇게 뛰면 아랫집 아주머니가 쿵쿵대는 소리 때문에 귀가 아프실 수 있어 걱정이 돼. 그러니까 거실에서는 걷자." 무조건 '안 돼'는 공감이 아니지만 다른 사람에게 피해를 줄 수 있으니 안 된다는 말은 다른 사람에 대한 배려이자 공감이라는 것을 아이들도 배울 수 있어요.

그러면서 부모 생각에 고개를 끄덕일 줄 아는 아이는 친구에게 '안 된다고 말해야 할 상황'에서도 이유를 들어 자기 생각을 적절히 표현할 줄 알지요. 이렇게 갈등 없이 설득력 있게 마음을 움직이는 방법을 배우는 것도 '공감능력'을 기르는 과정입니다.

😊 '안 돼'라고 할 때 기억할 것

'안 돼'라고 할 때 이것을 기억하세요. 부모가 화내거나 소리지르면 아이들은 큰 소리에 불안해져 잘 듣지 못해요. 게다가 더 큰 부작용은 부모를 보며 '화날 때는 저렇게 표현하는 거구나'라고 배울 수 있다는 거예요. '안 돼'라는 말은 단호한 말투와 목소리로 아이를 바라보며 부모 의도가 잘 전달될 수 있게 이야기하세요.

'안 돼'라고 한 뒤에는 "잘 참았네. 기특해"라는 긍정적인 반응도 보여주세요. '무조건 안 돼'가 아니라 왜 안 되는지 듣고 이해하며, 수긍하고 칭찬받는 긍정적인 경험을 해본 아이는 스스로 행동을 조절하는 힘도 기를 수 있어요.

'안 되는 것'에 대한 원칙을 정했다면 일관성 있게 지키려 노력하는 것도 중요해요. 엄마의 컨디션이나 기분, 상황에 따라 어떤 날은 된다고 했다가 어떤 날은 안 된다고 해서 기준을 흔들면 아이들은 '어디에 따라야 해?'라며 혼란스러울 수 있어요. '안 되는 상황'을 가르치려면 '다른 사람에게 피해를 주는 것' '위험한 것'처럼 부모가 일관된 기준을 가지고 꼭 말해야 하는 상황을 몇 가지만 정해보세요. 나머지는 아이들에게 자율성을 주면서 아이가 직접 '이렇게 하면 안 되겠구나'라고 깨달을 기회를 주세요. 백 마디 말보다 한 번 경험하고 느끼는 것이 더 강력하니까요.

☺ "이렇게 하자"로 바꾸면 달라지는 것들

'안 돼' 대신 "이것은 돼"라는 대안을 주는 것도 좋습니다. 아들이 어린아이였을 때 그림을 크게 그리고 싶어했는데 "큰 종이가 없어서 못 그려"라고 하는 대신 화장실로 데리고 가서 수성물감과 붓을 주며 "여기에서는 얼마든지 할 수 있단다"라고 했더니 아들이 손뼉을 치며 환호성을 질렀지요. 하지 않아야 하는 상황은 피해가면서도 하고 싶은 것은 할 수 있으니 일석이조였습니다. 행동을 자주 제지당하면 "이거 해도 돼요?"라고 묻는 수동적인 아이가 될 수도 있고 '내가 하는 것이 잘못된 걸까?'라며 의심이 커질 수도 있어요. 어떤 게 안 되는지 알려주고 정말 안 되는 것이 아니라면 이렇게 이야기해보세요.

- 이렇게 하면 재미있겠다.

- 이것은 할 수 있겠다.

- 다른 건 하고 싶은 것이 없니?

예를 들어 "칼과 불만 조심하면 다른 것은 만져도 돼" "숙제만 다 하면 언제든 나가서 놀아도 돼"와 같이 말이지요. 해야 할 것을 콕 집어 이야기하면 아이가 이해하기도 쉽고 적극성도 꺾이지 않을 수 있어요.

● '하지 마' 대신 '이렇게 하자'로 바꿔 말하기 ●

거실에서 빨리 뛰지 마.	→	거실에서는 천천히 걷자.
친구랑 싸우지 마.	→	친구와 사이좋게 지내자.
수업 시간에 딴짓 좀 하지 마.	→	선생님 말씀 집중해서 듣자.
그런 말투 좀 쓰지 마.	→	말을 예쁘게 하자.
머리 빗을 때 자꾸 움직이지 마.	→	얼음처럼 가만히 있기!

아이의 자기주도성을 키워주는 부모의 습관

'내가, 내가'라며 목소리를 자주 높였던 아이가 학교에서도 '저요, 저요'라며 적극성을 발휘할 수 있어요.

빠르게 변하게 될 미래 사회에서 새로운 환경에 적응하고 상황을 돌파해나가는 능력은 아주 중요합니다. 주도적인 자세로 세상을 살아가는 아이는 인생의 주인이 되어 삶을 힘 있게 이끌어나갈 수 있어요.

그렇다면 자기주도성은 무슨 의미일까요? 무엇이든 스스로 알아서 하려는 태도와 습관이 몸에 배어 있으며 호기심을 갖고, 적극적이고 자발적인 모습을 보이는 것을 말해요. 그럼 자기주도성을 키워주려면 어떻게 해야 할까요?

 **개입을 줄이고 기다려주기**

먼저, 아이의 하루를 '관찰'해보세요. 아침에 일어나서 잠들 때까지 엄마 도움 없이 '스스로 하는 일'이 얼마나 있나요? "내가 해볼래"라고 하면 '잘할까' 싶어 불안해도 조금씩 손을 떼보세요. 부모가 원하는 방식이 아니라도 지나치게 개입하면 그 과정에서 자율성이 꺾일 수 있고 새로운 도전을 꺼려 주도성 향상에 부정적인 영향을 미칠 수 있어요. 어릴 때부터 '내가, 내가'라며 목소리를 자주 높인 아이에게 직접 해볼 기회를 많이 주었다면 아이가 학교에서도 '저요, 저요' 하며 적극성을 발휘할 수 있습니다.

그런데 도움을 넘어 개입하고 심지어 할 일을 다 해주는 부모도 있어요. 도와달라고 하지 않아도 다 해주면 '넌 할 수 없으니 해주는 거야'라는 무언의 메시지를 전하는 것일 수도 있어요. 준비물과 가방 챙기기 등 서툴고 실수해도 기다려주세요. 학교에 가기 전, 바쁜 아침에 빨리 하라고 다그치지 말고 10분 일찍 일어나 여유를 가져보세요. 조급하지 않아야 선택할 때까지 기다릴 수 있습니다.

아이가 어릴 때부터 과잉보호를 받으면 감정, 충동을 통제하는 능력이 떨어져 학교생활에 어려움을 겪는다는 연구 결과도 있습니다. 다 맞춰주고 해주다 보면 아이의 자기통제력이 낮아질 수 있는 것이지요. 엄마가 조금씩 손을 떼면 아이 스스로 감정과 행동을 조절하고 상황을 해결하는 방법도 배워나갈 수 있습니다.

☺ '어른 아이'로 키우지 않으려면

'자기결정력'이라는 말을 들어보았나요? 스스로 원하는 것을 선택할 수 있는 능력을 말해요. 자기결정력을 발휘해 즐거운 경험을 많이 한 아이들은 자기주도성을 기를 수 있습니다. 스스로 자기 삶의 주인이 되는 연습을 하는 거지요.

발달심리학자 에릭슨은 아이가 엄마와 분리된 존재임을 깨닫고 스스로 선택해서 결정하고 책임지는 과정에서 자율성과 주도성을 지니게 된다고 했어요. 초등학교 때는 자기 일을 찾아서 스스로 할 수 있는 '자율성'을 길러주는 것이 중요합니다. 학습과정에도 중요하지만 자기 스스로 선택하고 결정하는 연습이 되어 있지 않다면 어른이 되어서도 의존 성향이 커질 수 있기 때문이에요. 어떤 신입사원에 대한 실화라고 알려진 이야기를 들어볼까요?

신입사원 어머니 1

📱 회사로 전화를 건다.

어머니: 우리 딸이 내일 몇 시에 어디에서 청소를 해야 하나요?

회사 직원: 그걸 왜 물으시죠?

어머니: 주말에 애 좀 쉬라고 제가 대신 가서 싹 치우려고요.

회사 직원: ….

신입사원 어머니 2

어머니: 저 죄송한데, 저희 딸이 사정이 생겨서 내일 회사를 못 갈 것 같아서 전화드렸어요.

회사 직원: 그럼 내일 결근하나요?

어머니: 아니요. 회사가 힘들어서 못 다니겠다고 하네요. 퇴사 처리 부탁드려요.

회사 직원: ….

부모에게 계속 손을 내미는 아이와 손을 내밀기도 전에 알아서 다 해주는 부모의 미래도 어쩌면 이와 같은 모습 아닐까요? 우리는 주도성을 키워주는 부모인가요, 가로막는 부모인가요?

😊 선택하는 연습으로 자기결정력을 키워주세요

작은 계획부터 직접 세워 실천하고 작은 결정을 하는 연습을 해본 아이들은 인생을 살아가는 태도부터 다릅니다. 제가 다닌 시골 고등학교는 전국에서 아이들이 찾아오는 농어촌자율학교 였습니다. 자기결정력 하나는 대단한 아이들이 모두 모였지요. 부모님 추천으로 입학한 아이들도 있었지만, '자율성과 인성'을 강조한 학교에서 3년을 보내고 싶다는 마음에 스스로 결정해서, 대도시에서 시골학교까지 온 경우가 많습니다. 자신이 선택해서 오게 된 아이들은 외로운 기숙사 생활도, 비평준학교에서의 경쟁도 잘 견뎌내고 며칠에 걸쳐 진행되는 체육대회며 예술제며 어찌나 열정적으로 참여했는지요!

자기결정력은 어느 순간 '짠' 하고 자라지 않아요. 어릴 적부터 스스로 선택하는 연습을 많이 한 아이에게 자기결정력도 생기지요. "무슨 옷 입을래? 네가 골라봐" "편한 신발로 신을래, 예쁜 것으로 고를래?" 하는 식으로 몇 가지 선택지를 주며 물어보면 아이들은 생각하게 됩니다. 생각하고 선택하는 데 점점 능숙해지면 학교 갈 때도 "오늘은 체육이 있으니까 편한 신발 신을 거야"라며 점점 자신에게 필요한 방식을 찾아나갈 수 있어요. 이처럼 선택하고 스스로 해보는 연습을 하는 과정에서 해야 할 것과 하지 말아야 할 것을 판단하는 데 능숙해질 수 있어요.

● 아이의 주도성을 가로막는 부모의 습관 체크 ●

집안일을 돕겠다고 했다가 실수했을 때	"내가 그럴 줄 알았다. 내가 할 테니 그냥 둬"라면서 혼내지 않았나요?
봤던 책을 또 볼 때	"본 책을 왜 또 봐? 이 책 좀 봐"라며 부모가 원하는 책을 펼쳐주지는 않았나요?
아이가 어떤 문제가 생겨 해결하려고 끙끙댈 때	"엄마가 해결할게"라며 도움이 필요한지 의사를 묻지도 않고 개입하지는 않았나요?
학원을 다니는데 성적이 빨리 안 오른다 싶을 때	"다른 학원 결제해놨어. 여기 가면 돼." 아이 의견을 묻지도 않고 학원을 정하지는 않았나요?
친구에게 놀림을 당했다고 울 때	아이가 해결할 기회를 주지 않고 "엄마 따라와" 하면서 친구관계에 바로 개입하지는 않았나요?

저는 아이들이 주도적으로 해나가야 하는 일은 아이가 직접 선택하고 결정하도록 유아 때부터 연습을 많이 시켰습니다. 그랬더니 초등학생인 아이들은 학원을 선택할 때도 마음을 움직이게 한 것이 있거나 자기가 즐겁게 다닐 수 있겠다 싶은 곳이 어디인지 의견을 잘 표현합니다. 물론 그 과정에서 부모의 의견에도 귀를 기울이지요. 저는 아이가 많이 생각해서 '여기가 좋겠어'라고 한다면 그 생각을 존중하려고 노력합니다. 이렇게 학원을 선택하면 시행착오도 겪지만 여러 가지 장점이 있습니다.

- 선택하면 책임감도 가진다! 한두 번 가고 곧바로 그만둔다는 말은 쉽게 하지 않는다.
- 학원을 선택할 때 자신의 의견을 존중받으면 부모의 '학원 선택'도 존중할 줄 안다.
- 학원 수준이 너무 높거나 힘들 때 엄마 눈치 보느라 꾹 참고 다니지 않는다. 선택할 줄 아는 아이는 아니다 싶을 때는 이유를 이야기하며 설득할 줄도 안다.
- 부모에게 자기 의견을 자유롭게 이야기할 기회가 많았다면 학원 환경과 분위기, 문제집 수준, 공부 시간도 분석해 피드백해줄 줄도 안다(점점 자신에게 맞는 학원을 선택하는 능력이 생긴다).

선택하는 기회가 많아 자기결정력이 있는 아이는 자기가 무엇을 좋아하는지, 뭐가 필요한지 잘 알아갑니다. 또 하루하루 주도적으로 설계할 줄 아는 아이는 자기 인생의 주인이 되어 행복을 향해 적극적으로 나아갈 힘이 있습니다.

가정에서
문제해결력 키우는 연습하기

부족한 게 보여도 때로는 눈을 질끈 감아주면 아이는 자기만의
방식으로 빈틈을 채우며 성장해나갈 수 있습니다.

존경받는 기업이자 유럽 최대 재벌로 꼽히는 스웨덴 발렌베리 가문은 엄청난 부를 일구었지만 자녀들에게 검소한 생활을 가르치려고 형제자매의 옷을 물려입게 했고, 올바른 경제관념을 심어주기 위해 용돈을 아껴 쓰는 훈련도 하게 했다고 합니다. 아이들에게 어린 시절부터 혼자 힘으로 문제를 해결하는 환경을 만들어주려고 정원의 잡초를 뽑게 하는 등 집안일에 적극적으로 참여하게 했고요. 그런데 무엇보다 강조한 것은 '자립심'이었답니다.

우리는 매일 여러 가지 문제를 해결하며 살아가는데, 그 방법에 따라 삶의 질도 달라질 수 있어요. 집에서는 이를 어떻게 연습해보면 좋을까요?

☺ 집을 실험공간으로 만들어요

'문제해결력'은 문제상황이 벌어졌을 때 그 상황을 지혜롭게 해결하는 능력을 말해요. 세상이 점점 복잡해지면서 다양한 지식을 활용해 문제를 창의적으로 해결하는 문제해결력을 키우는 것이 중요해지고 있어요. 다양한 방향으로 생각을 확장하는 확산적 사고와 서로 다른 여러 가지 아이디어를 접목해보고 경험해보는 것이 도움이 됩니다. 그렇다면 틈 날 때마다 이를 해볼 수 있는 최적의 장소는 어디일까요? 바로 집입니다! 일상에서 찾을 수 있는 여러 가지 도구를 융합해 활용하고 연습하는 것이 도움이 될 수 있어요.

딸은 식탁 의자가 삐걱대자 안 쓰는 수건을 가지고 와서 아이디어를 냈지요. "엄마, 수건을 잘라서 다리에 씌워보자." 집 안 곳곳에서 일어나는 문제점과 고장 난 것들을 찾아내며 '관찰력'을 기를 수 있고, 문제를 발견한 뒤 다양한 아이디어를 내면서 '창의성'을 키울 수 있습니다.

아들은 학원에 가는 길에 음악을 듣고 싶은데 인터넷이 안 되는 핸드폰을 갖고 있다보니 들을 수 없자 '어떻게 하지?' 고민하다가 나름대로 방법을 찾았습니다. 방에서 무엇을 하는지 조용하다 싶었는데 아빠 스마트폰을 빌려서 음악을 틀고는 자기 핸드폰의 녹음 기능을 이용해 음악을 저장했는데요. 잠시 후 환호성이 들렸습니다. "생각보다 잘 들리네. 좋았어!" 음질이 썩 좋지는 않았지만 아들은 자기가 낸 아이디어로 음악을 들을 수 있다는 것에 무척 만족해했습니다.

이처럼 어떤 문제를 찾아 아이디어를 내고 다양한 방법으로 실행해보며 팔을 걷어붙인 경험이 생활 속에서도 해결해야 할 문제를 찾아 나서는 '적극성'과 '실행력'을 높여줍니다. 소소해 보이는 경험도 지혜로운 삶의 기술로 발전해나갈 수 있어요.

☺ 성취감과 책임감이 자라는 '집안일' 효과

아들은 엄마가 동영상을 편집하느라 끙끙댈 때 "엄마, 내가 편집 배워왔어. 도와줄게"라며 손을 내밀고, 엄마가 아플 때는 "동생 밥은 내가 차려줄게"라며 서툴지만 '냉장고 털이'로 한 상 차려내기도 해요. 이렇듯 집안일을 경험한 아이들은 문제해결력은 물론 성취감과 책임감도 높다고 합니다. 한 연구에 주목해볼까요?

미네소타대학교 교수 마티 로스먼은 서너 살 때부터 집안일을 경험한 아이들은 집안일을 아예 하지 않거나 10대 들어 시작한 사람보다 성취감과 책임감, 자립심이 크다는 것을 발견했어요. 가족이나 친구와 관계가 좋으며 일에서도 성공하고 자립심이 높을 가능성도 크다고 합니다.

요즘 부모는 공부하고 뭔가 배우는 시간을 조금이라도 더 만들어주고 싶어 아이에게 집안일을 할 기회를 주지 않습니다. 하지만 집안일을 경험한 아이들은 다른 사람에게 뭐가 필요한지 살펴볼 줄 아니까 공감능력이 높아질 수 있어요. 딸은 유치원 때부터 식탁에 수저를 놓고 어설프지만 그릇을 헹궈주기도 했어요. "아유, 우리 딸 덕에 엄마가 아주 편하네. 고마워"라는 말에 딸이 얼마나 뿌듯해 하던지요! '어리니까 못해'가 아니라 '난 이런 것은 잘해'라는 기억이 적극적인 태도로 이어질 수 있어요.

얼마 전 아들 생일에 제가 저녁 9시에나 집에 돌아오게 되어 급히 생일상을 차려야 했는데요. 초등학교 2학년인 딸이 제가 집에 도착하자마자 의기양양한 표정으로 "엄마, 내가 식탁 세팅 다 해놨지"라고 하는 게 아니겠어요. 식탁에는 케이크며 간식이며 개인 접시와 수저, 음료까지 있을 건 다 있었습니다. 딸에게서 '이런 것쯤은 식은 죽 먹기지'라는 표정에 더해 '나 이 정도야' 하는 성취감과 자신감이 엿보였습니다.

집안일을 돕는 것에서 이제는 '내 일'로 만들어주세요

집안일의 일부분을 '내 일'로 여기고 참여하는 아이들은 여행을 가거나 가족행사가 있을 때 자신이 할 일을 눈을 반짝이며 찾아요. 딸이 초등학교 1학년 때 가까운 해외로 여행을 갔는데요. 딸아이가 맛집은 물론 동선까지 종이에 날짜별로 적어 여행지도를 만들었더라고요. 작은 가방에 비상약과 지도까지 꼼꼼히 챙겼고, 여행을 단순히 따라다니는 것이 아니라 주도적으로 참여했어요. "내 계획표 좀 봐. 어디 갈지 다 적어왔어"라는 딸의 목소리에는 요즘 말로 '인싸(인사이더)'의 자신감이 넘쳤어요. 딸이 추천한 곳을 다 가지는 못했지만 많이 경험해본 아이는 계획대로 되지 않을 때도 있다는 것도 알고 자신이 한 행동 안에서 '의미'를 찾을 줄도 압니다.

한여름에 워크숍을 간 적이 있는데 딸이 캐리어에 선물을 넣어두었더라고요. '엄마, 모기 물리면 발라'라고 적은 쪽지와 함께 연고가 들어 있었어요. '이럴 때는 이런 게 필요해' '이렇게 하면 내가 도움이 될 수 있어'라는 생각이 '공감프로세스'를 거쳐 '실행력'으로 자리 잡은 것이지요. 부족한 게 보여도 때로는 눈을 질끈 감아주고 스스로 뭔가를 해보고 경험할 기회를 주면 아이는 자기만의 방식으로 빈틈을 채우며 성장해나갈 수 있어요. 그 힘을 생활 속에서 키워주세요.

실패와 역경에도 꿋꿋하게 아이를 '멘탈갑'으로 키우는 법

부모의 관심과 지지 속에서 경험의 폭을 넓혀가면 목표를 향해 페달을 더 힘차게 굴릴 수 있습니다.

"난 이거 못해. 엄마가 해줘."

"어려워 보이기는 하지만 그래도 해볼 거야."

힘들어 보이니까 못한다는 아이와 어려워 보여도 할 수 있다고 자신 있어 하는 아이에게는 어떤 차이가 있을까요? 자기능력에 대한 믿음에 차이가 있는 것인데요. 특정한 상황에서 얼마나 유능할 수 있는지에 대한 믿음과 기대감을 '자기효능감'이라고 해요. 이것은 목표를 이루기 위해 '성공'과 '실패'를 해보면서 무엇인가 이루어본 '경험'을 통해 얻는 자신감이기도 합니다. 자기효능감이 높은 사람은 어려움에 직면했을 때 더 많이 노력하며,

거기에 맞는 기술이나 능력이 있을 때 과제에 더 끈기 있게 매달린다고 해요.

예를 들어 '난 노래에 소질이 있어'라고 생각하면 가수가 되려고 열심히 노래 연습을 하고, 그림을 잘 그리면 계속 붓을 드는 힘이 생기면서 에너지를 쏟게 됩니다. 이처럼 어떤 상황이나 과제를 만났을 때 자신감이 높으면 좋은 결과로 이어질 가능성도 높다고 합니다. 그럼 삶의 에너지가 되는 자기효능감은 어떻게 키워줄 수 있을까요?

☺ '난 할 수 있어.' 자기효능감을 키워주려면!

자기효능감을 결정하는 중요한 요인 가운데 하나가 바로 성공경험이라고 합니다. 이때 핵심은 '조금 높은 목표'를 줘야 한다는 거예요. 아이가 노력하면 할 수 있는 수준이어야 성공경험도 자주 할 수 있기 때문입니다. 자기효능감이 있는 아이에게 학습동기가 생겨 스스로 과제를 하고 공부를 해서 문제를 해결하는 학습효능감으로 이어지면 학업 성취도도 높아집니다.

하지만 너무 높은 목표가 주어지면 어떻게 될지 '학습' 상황을 예로 들어 생각해볼까요? 아이가 연산을 잘 못하는데 수학 선행을 빨리 하다 보면, 문제는 잘 이해하는데 정작 연산을 못해

틀리는 경우가 있습니다. 그런데 이런 경험이 반복되면 '난 수학을 못하나봐'라며 자신의 능력에 대한 믿음이 낮아질 수 있어요. 수학에 재미를 느끼기도 쉽지 않고요. 그렇다면 어떻게 해야 할까요?

아이 수준에 맞는 연산부터 차근차근 하다가 자신감이 붙으면 그때부터 선행을 조금씩 해보는 겁니다. 그러면서 문제를 맞히는 경험이 많아지다 보면 수학에 대한 자기효능감이 생길 수 있어요. 하지만 어떤 시도를 했을 때 잘되지 않는 경험이 반복되면 "난 아무것도 못해"라고 여기는 '학습된 무기력'이 생겨 도전정

● **고학년을 위한 자기효능감 공감팁** ●

1. 자신감을 주려고 너무 쉬운 과제를 주면 자기 능력을 낮게 평가할 수도 있어요.
2. 고학년이 되면 롤모델을 찾아보는 것도 도전 의지를 높일 수 있어요.
3. 학습효능감으로 이어지게 하려면 무엇이 나아지고 있고 더 노력하면 될지 구체적인 정보를 주는 것이 도움이 됩니다.
4. 선생님이 문제를 술술 푸는 것을 보면 "쉽네. 다 할 수 있을 것 같아" 하는 착각이 들 수 있어요. 자기효능감은 경험(직접 풀이)에서 나온다는 것을 잊지 마세요.
5. 감정조절이 잘되지 않아 일을 망치는 경우가 많으면 자기효능감이 낮아질 수 있어요.

신에 빨간불이 켜질 수 있습니다.

자기효능감은 일상에서 벌어지는 상황 속에서 키울 수 있습니다. 자기 책상을 깨끗하게 정리하는 상황, 화분에 물을 줘서 꽃을 피워보는 상황, 준비물을 빠짐없이 챙기는 상황과 같이 특정한 상황에서 주어진 목표를 이루었을 때도 자기효능감은 높아질 수 있어요. 다양한 곳에서 자기효능감을 가진 아이가 학교생활도 적극적으로 해나갈 수 있겠죠.

😊 '실패'라는 말 대신 부모가 해야 할 말

주변 평가에 너무 신경 쓰거나 기대만큼 결과가 안 나왔을 때 "실패했어"라고 하는 아이들이 있지요. 그런데 '실패'의 기준이 뭘까요? 사전적 의미는 '일을 잘 못해 뜻한 대로 되지 않거나 그르치는 것'이에요. 마음먹었고 잘해보려고 했지만 생각대로 되지 않았던 것이지요. 한 인간이 더 단단해지고 성숙해지기 위한 과정이기도 합니다. 아이들의 실패를 실패로 바라보지 않았던, 한 학교 이야기에 주목해볼까요?

시카고의 한 고등학교는 졸업하려면 몇 개 과목을 통과해야 하는데, 통과하지 못한 과목에 '낙제(Fail)'를 주는 대신, 다른 학점을 주었다고 해요. 무엇일까요? 바로 '아직(Not Yet)'이라는 단어였어요. '낙제'를 받은 아이는 '난 실패자야'라고 생각할 수 있지만 '아직'이라는 단어를 보면 '자신이 배우는 과정에 있고 언젠가는 통과할 것'이라고 믿을 수 있다는 거지요. '아직'이라는 말에서 "넌 할 수 있을 거야"라는 마음의 소리가 들리지 않나요?

부모는 삶으로 아이를 가르치지요. 부모가 자기 일이 기대처럼 되지 않았을 때 '실패'로 여기기보다 과정에 의미를 두며 의연하게 대처하고 긍정적으로 생각할 때 아이도 삶을 대하는 자세를 배울 수 있어요.

관심과 격려 없이 무조건 혼자 하게 두지 않기

새로운 것에 도전할 때의 두려움과 낯선 것을 경험할 때의 긴장감만 지나가면 익숙해지는 속도는 느려도 자신감이 붙는 아이들이 있습니다. 친구들과 관계에서도 마찬가지인데요. 민정이는 친구들과 쉽게 어울려 놀지 못합니다. 친구들이 노는 것을 멀리서 보거나 주변을 맴돌기만 하지요. 엄마는 이런 딸이 답답해 소리칩니다. "다른 애들은 다 잘 노는데, 같이 노는 게 뭐 그리 어렵다고. 가서 애들하고 놀아."

민정이는 왜 이런 모습을 보였을까요? 민정이는 자신감이 부족하고 소극적인 아이입니다. '애들이 나를 싫어하면 어떡하지?'

하는 걱정이 앞서 쉬이 다가서지 못했고, '뭐라고 말해야 하지?' 방법을 몰라 용기를 내지 못했어요. 엄마는 적극성을 길러주려 민정이를 놀이터로 데리고 가서 말했습니다. "한번 해봐. 일단 가 봐." 그런데도 민정이가 주저하자 엄마는 "친구 사귀는 게 뭐가 어려워. 왜 가서 말도 못 걸어"라며 핀잔을 줬어요.

민정이라고 같이 놀고 싶지 않았을까요? '거절당할까봐' '어떻게 이야기해야 할지 몰라' 주저한 것이었지요. 그런데 엄마의 핀잔은 민정이에게 '관계의 실패'로 느껴지게 하지 않았을까요?

자신감이 부족한 아이들은 거절당하는 것을 두려워하고 "좋아" "싫어" 같은 의사표현을 잘 못해 겉돌거나 부모에게 의존하기도 합니다. 그럴 때는 "같이 가서 말을 걸어볼까?"라고 손을 내밀어주세요.

친구들 앞에 선뜻 나서지 못하면 엄마가 먼저 친구들에게 "시소 타려나 보네. 민정이가 같이 타도 되겠니?"라고 말을 건네며 '관계의 시작'을 열어주세요. "다음에는 어떻게 이야기해볼까?" 라고 상황에 따라 필요한 말도 연습하며 친구들의 세계로 나아갈 수 있게 도와주세요. 한두 명과 같이 놀면서 편해지면 아이가 원할 때 여러 명과도 어울릴 수 있게 해주세요. 이는 다 해주는 것과는 달라요. "함께 해볼까?"는 용기를 주는 따뜻한 말이니까요.

자전거를 탈 때 부모가 잡아주면 안심하지요. 힘이 생기고 속도가 붙으면 손을 떼도 잘 타게 됩니다. 부모를 안전기지 삼아 자기 능력을 발견하고, 관심과 지지 속에서 경험의 폭을 넓힌 아이는 목표를 향해 페달을 힘차게 굴릴 수 있어요.

"아무리 얘기해도 들은 척도 안 해요" "말할 때 집중을 안 해요." 이런 고민을 하고 있다면 대화의 기술이 부족한 것은 아닌지 생각해보세요. 전해지지 않고 힘만 빼는 '헛스윙' 언어로 말하는 것은 아닌지 말이지요. 적절한 타이밍에 아이가 잘 듣고 이해할 수 있게 하면 타율이 높은 힘 있는 말이 됩니다. 또 부모는 미래에 대한 걱정과 불안 때문에 아이 목소리에 귀 기울이지 못하는 경우도 많지요. 잘 듣지 못하니 번지수가 틀린 공감을 하게 되고 아이는 입을 닫아버리고 맙니다. 아이 마음을 여는 공감대화, 지금 시작해볼까요?

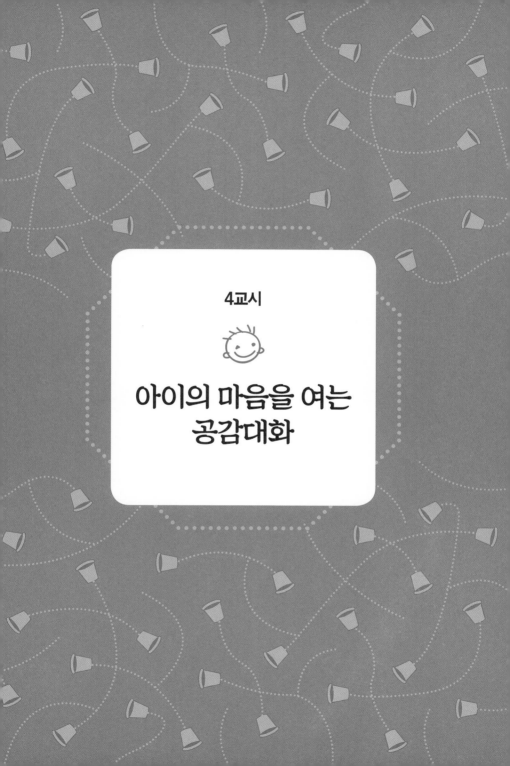

4교시

아이의 마음을 여는
공감대화

아이에게는 잘 안 들리는 헛스윙 언어

생각 그릇이 자라는 아이들은 길고 복잡한 말은 많이 담지 못해요. 핵심만 간결하게 전해 말의 타율을 높여봅시다.

"아무리 얘기해도 들은 척도 안 해요" "말할 때 집중을 안 해요." 아이들은 왜 이런 반응을 보일까요? 아이를 움직이게 하려면 말에 힘이 있어야 하는데, 말을 해도 전해지지 않고 힘만 빼는 '헛스윙' 언어로 말할 때가 많기 때문입니다. 적당한 타이밍에 아이가 잘 듣고 이해할 수 있게 하면 말할 때 헛스윙할 확률이 낮아집니다.

그렇다면 어떤 말이 힘없는 말일까요? 타율이 높은 힘 있는 말을 하려면 어떻게 해야 할까요?

😊 화를 내도 행동이 잘 고쳐지지 않는 이유

"이건 정말 안 돼. 용납할 수 없어" 하는 판단이 서거나 "이건 반드시 못하게 해야겠어" 싶을 때 불같이 화를 내는 경우가 있지요. 하지만 '심하게 화'를 내거나 '분노' 상태로까지 가면 오히려 말의 힘이 떨어집니다. 왜 그럴까요?

당장은 무서워서 그만할 수 있어도 '진짜 그러지 말아야겠다'고 느끼지 못하면 장기적으로는 효과가 없습니다. 마음을 움직이는 말이 아이도 움직이게 하는 힘 있는 말입니다. 게다가 감정을 앞세워 비난만 길게 쏟아내고 화로 시작해 화로 끝나면 아이는 불안해서 정작 들어야 할 말에 집중하지 못합니다.

감정의 깊이가 깊은데다 자신의 울음소리까지 귀를 자극한다면 어떤 말이 귀에 들어올까요? 부모는 말을 했다고 생각하지만 아이에게는 닿지 않는 '힘없는 말'이 될 수 있어요. 불안한 마음에 공감해서 아이가 불안감에서 조금은 벗어나 귀가 열릴 때 이야기해야 아이도 집중하며 귀를 기울일 수 있습니다.

😊 잔소리는 잘 들리지 않으니 핵심만 간결하게!

엄마가 아들에게 잔소리를 합니다. "너, 집에 돌아오면 숙제부터 하랬지. 그런데 왜 집에 오자마자 가방만 거실에 던져놓고 놀러 나가니? 그리고 말도 없이 나가서 그렇게 오래 놀다 오면 어떡해. (중략) 너 먹으라고 챙겨놓은 건 눈에 안 보이니?"

막상 글로 써놓고 보니 말로 할 때는 잘 느끼지 못하는데 길이가 길고 말하려는 내용이 많다는 생각이 들지요? 내용을 깊이 들여다보면 엄마는 여러 감정이 들었던 것 같습니다. 우선 숙제를 곧바로 안 했다는 걱정에 말도 없이 나가서 놀았던 게 화가 났어요. 간식을 힘들게 챙겨놓았는데 아이가 먹지 않은 것도 실망스러웠던 것 같아요. 하지만 아이 처지에서 들어보니 어떤가요? 이렇게 긴 말은 엄마가 감정을 토로하는 것일 뿐 말의 핵심이 잘 파악되지 않죠?

이처럼 너무 긴 말은 핵심을 비켜나기 쉽습니다. 뛰어난 연설가로도 평가받고 있는 오바마 전 미국 대통령이 취임 연설을 하는 데는 18분이 걸렸는데요. 아무리 중요한 연설이라도 청중의 집중력은 10~18분이 지나면 떨어진다고 합니다.

초등학생들은 우선순위를 파악하고 감정 조절을 돕는 전두엽이 자라는 중이기 때문에 어른처럼 복잡한 사고나 판단을 하기가 쉽지 않아요. 그래서 길고 복잡한 말은 생각 그릇에 가득 담지 못해요. 오히려 핵심만 간단히 이야기할 때 전달 효과가 높아집니다.

😊 말의 타율을 높이려면 이렇게!

던졌을 때 타율이 높은 힘 있는 말, 이렇게 해보세요.

말의 타율이 낮은 말 — 긴 잔소리

한 엄마가 잔소리를 합니다. "넌 도대체 어떻게 된 애가 보드게임하고 나서 치우라고 몇 번이나 얘기했는데도 안 듣니? 집이 난장판이야, 난장판. 너는 언제까지 엄마가 따라다니면서 치워줘야 하니? 손이 없니, 발이 없니?"

어떤가요? 말이 길다보니 아이가 인식할 수 있는 것은 추측건대 '집이 난장판', '화난 엄마' 정도가 아닐까 싶어요. 말이 길면 핵심을 파악하기가 어렵고 어떻게 하라는 건지 잘 모를 수도 있어요. 말의 타율을 높일 수 있는 힘 있는 말로 바꿔볼까요?

말의 타율이 높은 말 — 핵심만 간결하게

"보드게임하고서는 서랍에 이렇게 (보여주면서) 넣어야 해. 엄마가 계속 치우려니 힘드니까 꼭 정리해." 어떻게 해야 할지 이야기하거나 아이를 도와주거나 행동으로 보여주는 것도 좋습니다. 어떻게 하는 것이 엄마가 바라는 것인지, 옳은 것인지 배울 수 있게 해주세요. 말의 힘이 더 세집니다.

말의 타율이 높은 말 — 수긍할 수 있는 이유 말해주기

다음 두 말을 비교해보세요.

보드게임 정리하자.
보드게임 정리하자. 서랍에 안 넣으면 잃어버릴 수 있으니까.

어떤 말을 들었을 때 더 고개가 끄덕여지나요? 보드게임을 정
리해야 하는 이유가 '잃어버릴 수 있어서'라니 그것을 무척 아끼
는 아이에게는 더 공감되는 말이겠지요. 설명만 덧붙여도 달라집
니다.

말의 타율이 높은 말 — 일관적인 메시지 주기

부모가 이랬다저랬다 일관성이 없으면 아이도 어느 장단에 맞
춰 춤을 춰야 할지 혼란스러워합니다. "너 학원 숙제 또 안 해가
면 학원 끊어버릴 거야"라고 아이에게 말한 엄마가 있습니다. 하
지만 아무런 일도 일어나지 않는다는 것을 아이가 알아버리면
아쉬울 게 없으니 또 말을 흘려듣게 됩니다. '한다고 하면 해야'
말의 힘도 생깁니다.

🙂 말에 집중하게 하는 법

좋아하는 것에 집중하면 다른 말을 잘 못 들을 때가 있지요. 건성건성 "네네"라고 답했다가도 나중에 "엄마가 언제 그런 말 했어?"라고 펄쩍 뛰며 억울해하기도 합니다. 특히 청각적 주의집중력이 낮은 아이들은 불필요한 소음은 흘려듣고 필요한 소리에 집중할 수 있는 능력이 부족해 말을 듣고 행동으로 옮기는 힘이 약합니다. 들은 것 같은데 기억을 잘 못하기도 하지요. 여러분은 헛스윙 언어를 자주 사용하나요? 아이를 움직이게 하는 힘 있는 말을 하나요?

● 말의 집중도 높이기 ●

1. 눈을 바라보고 '엄마가 이야기하고 있어'라는 것을 인지할 수 있게 해주자.
2. 귀에 입을 가까이 대고 소곤소곤 이야기해서 작은 소리에도 귀를 기울이게 하자.
3. 텔레비전을 보거나 친구들과 노는 소란스러운 상황에서는 "이제 정리하자"와 같이 말하며 어깨를 가볍게 쳐서 신호를 주자.
4. 말할 때는 짧고 명확히 전달해 집중하게 하자.
5. 듣지 않으면서 "네. 알았어요"라고 습관처럼 이야기할 수 있으므로 중요한 말을 할 때는 "엄마가 방금 뭐라고 그랬지?"라고 되물어본다.

착한 아이가 되기만 강요하지 않기!

너무 착한 아이로만 키우려 하지 마세요. 할 말은 할 줄 아는 당당한 아이가 마음도 건강합니다.

아이들은 부모의 말과 행동에서 감정 표현을 배웁니다. 하지만 말을 잘 듣고 화도 잘 안 내며 늘 칭찬받는 아이였으면 하는 바람에 "그래야 착한 아이지"라는 말을 습관처럼 하지 않나요?

너무 착한 아이로 자라면 자신의 욕구와 감정은 억누른 채 남이 바라는 모습에 끼워맞추며 할 말도 제대로 하지 못해 정작 자신을 힘들게 하는 '나쁜' 아이가 될 수 있어요. 그럼 할 말은 당당하게 잘하는 아이로 자라게 하려면 어떡해야 할까요?

☺ "그래야 착한 아이지"라는 말을 습관처럼 한다면?

'어른 말은 무조건 잘 들어야 해. 착한 아이가 되어야 해.' 이런 생각을 강하게 하는 아이들이 있어요. 어른이 원하는 모습이 아니면 '나쁜 아이'라고 생각하고, "어른 말 안 듣는 것 봐" "커서 뭐가 되려고"라는 어른들의 비난에 더 크게 반응하며, "버릇없네"라는 핀잔을 듣고 싶지 않은 마음이 크지요. 어른들에게 인정받고 싶은 마음에 자신이 하고 싶은 것을 솔직하게 드러내기보다 '시키는 것'을 잘해내려 애쓰기도 합니다.

'착한 아이 콤플렉스'라는 말을 들어보았나요? 어른이 되어서도 자기감정을 솔직히 표현하지 못하고, 착한 사람으로 남기 위해 욕구나 소망을 억압하며 지나치게 노력하는 것을 말해요. '난 착한 아이야'라는 생각에 너무 억눌리면 원하는 것이 있어도 "저는 괜찮아요" "난 필요 없어. 너 가져"라며 솔직한 감정은 숨기거나 누르고 남의 생각과 행동에 맞춰 행동하기도 합니다.

그런데 우리는 평소 '착해'라는 말에 부모의 여러 가지 바람을 담아 이야기하지는 않나요? 우리의 말 습관을 되돌아봅시다.

● '착해'라는 말에 담긴 부모의 의도 생각해보기 ●		
동생이랑 싸우지 않아야 착한 아이지.	→	동생이 시비 걸어도 참아. 네가 나이가 많으니까.
부모 말에 토를 달지 않아야 착한 아이지.	→	듣기 싫으니까 말대꾸하지 마.
공부를 잘해야 착한 아들이지.	→	공부 좀 열심히 해.

너무 착한 아이가 힘든 이유

너무 착한 아이는 규칙을 지키지 못하면 불안해하거나 상대 부탁을 거절하지 못합니다. "친구에게 양보하고 싶어. 쟤가 좋아하는 것을 보니 나도 기분이 좋아"라는 좋은 의도가 아니라 자기 욕구를 너무 자주 억누르고 주로 남이 바라는 것에 맞춰 행동했다면 아이가 어떤 부담과 책임을 느껴서인지 세심하게 들여다보세요.

늘 좋은 언니, 좋은 오빠여야 한다는 책임감을 부여하거나 남의 시선을 지나치게 의식하게 하지는 않나요? 양보하라고 하거나 참는 게 이기는 거라고 생각하는 부모가 아이에게도 도덕적 기준을 엄격하게 들이대는 경우도 있어요. 사실 부모가 생각하는 '착한 사람'의 기준에 맞추려면, 가슴으로는 이해되지 않을 때가

4교시 아이의 마음을 여는 공감대화   139

많아요. 하지만 그래야 착하다고 하니 '느끼는 감정'과 '표현하는 감정'이 달라 혼란스러울 수밖에 없지요.

예를 들어 "아이스크림이 하나밖에 없네. 친구에게 양보해야지"라고 하면 아이는 이렇게 생각할 수 있어요. '나도 아이스크림 먹고 싶은데. 내가 사온 건데.' 그때 부모가 "양보해야 착한 아이지" 하면 부모에게 인정받고 싶은 아이는 부모 눈치를 살피느라 마음을 솔직히 표현하지 못합니다. 결국, 마음 한쪽의 아쉬움과 속상함을 뒤로한 채 말하지요. "이거 너 먹어. 난 괜찮아."

아이들은 감정 표현은 서툴러도 '내가 하고 싶은 것' '지금 좋은 것'에 대한 감정 표현은 대체로 잘합니다. 말로 잘 표현하지 못하면 손이라도 가게 되고요. 하지만 '착하거나 말 잘 듣는 것은 좋은 것, 착하지 않거나 말 안 듣는 것은 나쁜 것'으로 양분해서 생각하면 자신이 옳다고 믿는 것을 위해 진짜 감정을 드러내기보다 해야 할 것에 순응할 수 있어요. 뒤늦게 거짓 감정이 폭발하거나 마음의 짐을 느낄 수도 있고요. 자라서는 불합리한 요구나 부탁에도 "괜찮습니다"라고 말하며 속앓이를 하는 어른이 될 수도 있습니다.

우리도 '양보해야지' '사과해야지' 하는 말을 들으며 감정을 꾹 눌러본 경험이 있지 않나요? 그러면서도 정작 아이들에게는 그 힘든 길을 다시 걷게 하지는 않는지 돌아볼 필요가 있어요.

 **할 말은 당당하게 하는 아이로 키우기**

　감정을 눌러 담기만 했지 꺼내 마주해본 적이 없다면 어떨까요? 내 안에 있지만 왠지 낯설고 친하지 않은 친구처럼 느껴지니 표현하기가 더 힘들 수밖에요. 자연스러운 감정을 방해하는 것도 모자라 부모 생각에 맞춰 아이 감정을 강요할 때도 있어요. 아이가 잘못하지도 않았는데 갈등 상황을 빨리 해결하고 싶은 마음에 "친구가 울잖아. 미안하다고 해야지"라고 하면 아이는 잘못한 게 없지만 손을 내밀며 "미안해"라고 먼저 사과합니다. 하지만 가슴에서 나오지 않는 말을 하는 아이는 얼마나 힘들까요? 아니, 힘든 것조차 느끼지 못하는지도 모릅니다.

　남을 위해 자기만족을 포기하고 양보만 하거나, 모두 싫다는 일을 억지로 떠맡아 힘들어하거나, 하기 싫은 일을 강요받을 때도 '싫어'라고 말하지 못한다면 어떤 점을 힘들어하고 어떤 감정을 느끼는지 묻고 공감해주세요. 그리고 이야기해주세요. "괴롭히는 친구가 있으면 '하지 마'라고 눈을 쳐다보며 정확히 말해." "네 것인데 친구가 빼앗으면 '내 물건이니까 돌려줘'라고 말해야 해." 할 말은 할 줄 아는 당당한 아이가 마음도 건강합니다.

감정을 알아차리게
돕는 법

엄마·아빠가 내 감정을 소중하게 생각한다는 것을 느끼고 경험해본 아이가 자신의 '감정'을 신뢰하고 아끼고 사랑할 수 있습니다.

울고 싶어 훌쩍이는데 부모가 말합니다. "울음 뚝, 놀러 왔으면 재미있게 놀아야지." 울고 싶은데 참으라고 하는데다 슬픈 감정이 풀리지 않았는데 재미있게 놀라고 하니 아이는 더 침울해집니다. 많은 부모가 부정적인 감정은 '나쁜 감정'이라고 생각해서 자꾸 참으라고 하거나 억누르라고 합니다.

하지만 무조건 억누르는 것이 답은 아닙니다. 긍정적인 감정을 키워주면서 부정적인 감정을 전환할 수 있게 도와주면 아이는 감정을 인식하고 건강하게 표현할 줄 알게 됩니다. 그럼 아이를 어떻게 도와주면 좋을까요?

😊 부정적인 감정도 소중하다는 것을 알려주세요

아이가 "엄마, 슬퍼요. 너무 힘들어요. 짜증 나 죽겠어요"라고 말하면 엄마는 "뭘 그런 걸로 그래"라며 감정을 축소하거나 불필요한 감정으로 치부해버리는 경우가 있어요. 넘겨 짚을 때도 있고요. 나는 속상해 죽을 지경인데 엄마는 호들갑 떤다고 반응하면 아이는 자기감정을 신뢰하기 힘들겠지요. "내가 느끼는 게 잘못된 건가?" 이렇게 생각할 수 있으니까요.

어떤 감정이든 표현한다면 그런 감정을 느끼게 된 이유가 무엇인지 생각해보세요. 어떤 감정이 든다는 것은 무엇이든 우리에게 신호를 보내는 것이니까요. 그러면 '부정적인 감정도 하고 싶은 말이 있어서 나에게 왔구나'라고 인식할 수 있어요.

예를 들어 '오늘 과학대회를 하는데 잘 못하면 어떡하지?' 하는 불안감이 들었다는 것은 어떤 신호일까요? '과학대회에서 꼭 상을 타고 싶어서 불안한 거구나'라는 마음의 신호일 수 있겠지요. 그렇다면 불안감을 덜 수 있는 말로 힘을 불어넣어보세요. "그동안 열심히 했으니까 침착하게만 하면 잘할 수 있을 거야."

그런가 하면 부정적인 감정도 성장의 에너지가 될 수 있어요. 슬펐기 때문에 기쁨을 더 느낄 수 있고, 좌절감을 맛보았기 때문에 지금의 행복감이 더 값지다는 것을 알 수 있으니까요. 삶을 무엇보다 풍요롭게 해주는 것이 '감정이라는 선물'입니다. 엄마·아빠가 선물 같은 모든 감정을 소중하게 생각한다는 것을 느끼고 경험해본 아이가 자기감정을 신뢰할 수 있고, 아끼고 사랑할 수 있어요.

🙂 감정 인식! 감정에 이름 붙이기

초등학교 5학년 아들의 공개수업에 갔을 때였어요. 과목은 '도 덕'이었고, 그날의 주제는 '감정을 건강하게 표현하기'였습니다. 아이들은 주말에 있었던 일을 이야기하면서 자기감정을 말했어 요. "주말에 아이스크림을 사러 갔는데 잘 안 파는 아이스크림을 5개나 발견해서 기뻤고, 그 가게가 너무 좋아졌어요" "엄마 심부 름을 다녀왔는데 그 사이에 제 간식을 동생이 다 먹어버려 너무 실망스러웠어요."

아이들은 감정에 이름 붙이기 활동을 하며 감정을 인식하고 감 정 단어들을 배우기 시작했어요. 이름을 붙이고 그 감정이 생길 수 있는 상황을 이야기 나눠보면 내가 한 행동으로 친구가 어떤 감정을 느낄지도 생각해볼 수 있게 되지요. 감정을 인식하는 것 에 조금씩 능숙해지면 내가 원하는 것을 명확히 말할 수 있어요.

예를 들어 친구가 지나가다 책상을 건드리는 바람에 책이 떨 어져 화를 냈을 때, 그 이유가 '깜짝 놀라서'와 '다쳤을까봐 걱정

되어서'라는 것을 알면 "책 좀 떨어뜨렸다고 그렇게 화를 내니?" 라는 반응에 이렇게 얘기할 수 있어요. "책이 발에 떨어져서 놀라기도 했지만 발을 다친 건 아닌가 걱정되어 목소리가 높아졌어. 앞으로 너도 조심해줘."

그런가 하면 화나는 것도 강도에 따라 표현할 수 있어요. 짜증과 불만 정도의 강도에서 점점 위로 올라가면 '분노'나 '격분' 상태가 되기도 하지요. 화가 났을 때 '그 정도'를 표현하라고 하면 아이는 감이 잘 올 수 있어요. 정신과 전문의 조셉 슈랜드 박사는 분노 정도를 1등급에서 10등급까지 언어로 구분했어요. 분노에 등급을 매기면 '이게 이렇게까지 화낼 일은 아니야'라는 것을 인식할 수 있습니다.

아이들은 세밀하게 구분하기 힘드니 1~5단계에서 화나는 정도만 이야기해보는 것도 '화'가 얼마큼 났는지 인식하는 데 도움이 됩니다.

● 화의 등급 ●

1	약한 짜증	6	불쾌감
2	약 오름	7	화
3	심한 짜증	8	노여움
4	좌절감	9	분노
5	조바심	10	격분

"엄마 화났어"라고 말하기보다 손으로 가리키며 "어제는 가슴 높이만큼 화가 났는데 오늘은 머리까지 화가 났어"라고 하면 아이에게 감정의 강도를 이해시키는 데 도움이 됩니다.

감정을 표현하고
전환하기

아이가 감정을 잘 인식하도록 도와주려면 명확하지 않은 감정을 선명하게 느낄 수 있게 '말'로 표현하는 연습을 해보세요.

아이와 함께 감정 표현하기

감정을 잘 표현하지 못하는 아이를 보면 부모도 감정 인식과 표현에 무딘 경우가 있어요. 평소, 다양한 상황에서 어떤 감정이 느껴질지 아이와 함께 상상하고 이야기 해보세요.

예시

- 귀여운 강아지를 만져볼 때
- 컵을 떨어뜨려 깨졌을 때
- 친구가(지인이) 친해지고 싶다고 말했을 때

기분 좋은 감정은 비교적 잘 표현하지만 괴롭거나 힘들고, 원하지 않는 것을 해야 할 때 화 또는 짜증을 내거나 울기만 할 뿐 '왜 이런 감정이 들지?'라는 것을 인식하지 못할 때가 많아요. 이럴 때 부정적인 느낌 단어를 대화에서 활용해보세요.

숙제가 많아 힘들어하면 "뭐부터 해야 할지 막막한가 보네"라고 하고, 놀이동산 문 닫을 시간이 다 되어갈 때는 "놀이기구를 못 탈까봐 조바심이 나나보네"라는 식으로, 대화할 때 '막막한' '조바심이 나는'과 같은 쉽고도 간단한 표현부터 활용해보세요.

부모의 감정도 표현해보세요. 아이가 우는 상황이라고 해볼까요? "아빠는 네가 무서워서 우는 줄도 모르고 네가 울어서 깜짝 놀랐어" "네가 우니까 엄마도 눈물이 나"하고, 아이가 조금

● 부정적인 느낌 단어 ●

긴장/걱정/불안/두려움	긴장된, 숨이 막힐 것 같은, 조바심이 나는, 가슴이 두근거리는, 무서운, 두려운, 초조한
실망/무기력/슬픔	눈물이 나는, 상심한, 절망하는, 서글픈, 우울한, 울적한, 막막한, 기운 없는, 맥 빠진, 속상한
분노/화	울화가 치미는, 분한, 약 오르는, 신경질 나는, 격분한, 성난, 분개한
충격/놀람	아찔한, 충격적인, 할 말을 잃은, 당황한, 경악을 금치 못하는, 하늘이 무너지는, 황당한

진정하면 "네가 눈물을 그치니까 엄마도 안심이 돼"라는 식으로 하는 거예요. 자기감정을 인식하고 표현하는 것뿐만 아니라 부모 감정도 이해할 줄 아는 아이는 친구들의 마음도 살필 줄 알게 됩니다.

😊 감정을 전환하는 활동하기

누구나 마음에 생채기도 나고 아물지 않은 흉터도 생길 수 있어요. 하지만 "다 잘될 거야"라고 성급하게 위로하거나 공감하기보다 이야기를 가만히 들어주는 것만으로도 위안이 될 때가 있어요. 말뿐만 아니라 몸을 움직이고 환경을 바꿔주는 것도 감정 전환에 도움이 됩니다.

너무 힘들고 피곤하면 부정적인 감정이 구름처럼 몰려올 수 있어요. 그때는 적극적으로 몸을 움직이면서 부정적인 감정을 긍정적인 감정으로 전환할 수 있는 활동을 해보세요. 음악을 듣거나 기분이 좋아지는 사진을 보거나 산책을 하면 신체·생리적 요소가 변하면서 감정 변화가 일어나기도 합니다. 잠을 보충해서 컨디션이 회복되면 기분이 좋아지기도 하고요.

"슬프면 실컷 울어"라며 마음껏 슬퍼할 기회를 주세요. 실컷 울면 마음이 후련해지기도 하잖아요. 스트레스를 받으면 증가되는 '카테콜아민(catecholamine)'이라는 호르몬이 눈물에 포함되어 있어서 눈물을 흘리면 가슴이 시원해지는 것 같은 느낌이 든다고 합니다.

『최고의 나를 만드는 공감능력』이라는 책에서는 네덜란드의 울음전문가 아트 핑에르후츠가 진행한 '눈물'에 대한 연구 결과를 소개했어요. 눈물샘을 자극하는 슬픈 영화를 보며 마음껏 운 사람은 영화를 보기 전에 비해 보고 난 후 90분 동안 기분이 더 좋은 것으로 나타났다는 것이지요. 강렬한 감정에서 빠져나올 때 눈물을 흘리는 것이 효과적일 수 있다고 합니다.

비난하지
않는 법

비난보다 대화가 많은 가정에서 자란 아이는 의사소통능력을
바탕으로 사회에서도 건강한 관계를 만들어갈 수 있습니다.

미국 매사추세츠공과대학(MIT)과 하버드대학교, 펜실베이니아
대학교 연구팀은 부모와 대화를 자주 주고받는 아이들이 뇌 발
달에 긍정적인 영향을 받는다는 연구 결과를 발표했습니다. 아이
들 36명의 뇌를 자기공명영상(MRI)으로 촬영해 여러 대화 유형
에 뇌가 어떻게 반응하는지를 살펴보았는데요. 어떤 점을 발견했
을까요?

연구팀은 대화를 더 많이 주고받는 아이들의 브로카(Broca) 영
역이 더 활동적이라는 사실을 발견했어요. 언어 생산과 처리 과
정을 담당하는 이 부위가 활동적일 때 언어와 문법, 언어 추론능
력에서 높은 점수를 받았다고 해요. 연구를 맡은 존 가브리엘 리

교수는 여기에 이런 의미를 부여했어요. "부모와 아이의 대화는 뇌의 생물학적 성장에 마법과 같은 영향을 미칩니다."

그는 부모가 아이들에게 '앉아' '잘했어' '하지 마'처럼 말하는 경향이 있는데 아이의 뇌 발달을 이끄는 것은 대화를 '주고받는 것'이라는 말도 했어요. 다른 많은 연구에서도 의사소통능력을 갖춘 아이들이 더 건강한 관계를 형성하고 삶의 만족도도 높다고 발표했습니다. 하지만 아이가 자라면서 점점 부모와 대화가 단절되는 가정이 많습니다. 왜 그럴까요?

◡ 부모가 자의적으로 판단하지 않기

부모는 대화를 했다고 생각하지만 일방적으로 비난할 때가 있지요. 우리도 모르게 아이를 평가하거나 판단하기도 합니다. 그러면 판단에 따라 지배된 생각이 눈과 귀를 가로막을 수 있습니다. 생각이 한 가지 틀에만 얽매인 것을 '고정관념', 한쪽으로만 치우친 생각을 '편견', 제대로 알기도 전에 '그건 이런 거야'라고 단정짓는 것을 '선입견'이라고 하지요. 이런 모든 판단이 아이를 있는 그대로 바라보지 못하게 합니다.

한 아이가 친구를 가리키더니 "얘가 저를 때렸어요"라며 울었어요. 그러자 때렸다는 아이의 엄마가 우는 아이에게 "아유, 미안해. 내가 대신 사과할게"라고 말하며 자기 아들을 다그칩니다. "좀 조심하라고 했지?" 하지만 그 아들은 이렇게 말합니다. "쟤가 먼저 때렸어요. 전 실수로 부딪친 거예요." 그런데 엄마는 오히려 "잘못했을 때는 미안하다고 하는 거야. 미안해 해봐" 합니다. 그때 옆에서 지켜보던 다른 아이가 얘기합니다. "제가 봤는데 정말 뛰어가다가 부딪쳤어요." 그제야 엄마는 정신이 번쩍 듭니다. 왜 이렇게 아이를 오해하게 되었을까요?

'우리 애는 너무 장난꾸러기야. 동작이 너무 커서 자꾸 친구를 건드려.' 이런 생각이 머리를 채웠기 때문에 '판단'한 것이지요. '장난이 심해서 친구들이 싫어할 수도 있어'라는 생각으로 아이 말을 그대로 들어주지 못했고, 반사적으로 "친구랑 놀 때는 조심하랬지?"라고 꾸짖었어요. 우리는 혹시 '우리 딸은 이런 아이야' '우리 아들은 이런 게 문제야'라며 평가하고 판단하지 않나요?

● 아이를 억울하게 하는 잘못된 판단 ●

컴퓨터 앞에 막 앉은 아이에게	"너 또 컴퓨터 게임했지?"
공부하다 잠깐 친구와 통화하는 아이에게	"너 공부는 안 하고 친구에게 전화만 하니?"
엄마의 스마트폰을 닦아주는 아이에게	설거지하다가 마침 아이를 보고는 "너 또 엄마 폰 가져가려고 하니?"

☺ '관찰'해요

판단하지 않으려면 '관찰'하는 연습이 필요해요. 한 엄마는 숙제를 못 하고 잠들어버린 아이를 보고 화가 나서 "숙제도 안 하고 잠만 자니? 넌 너무 게을러"라고 비난했어요. "해야 할 것도 안 하고 미루면 나중에 아무것도 못하는 아이가 돼"라며 겁도 줬습니다. 아이는 화가 나고 억울하기도 했습니다. 그런데 우리가 이런 말을 듣는다면 어떤 기분일까요?

숙제를 마치게 하는 게 목적이라면 평가나 비난을 하지 않고 '어떻했으면 하는지' 이야기해보세요. 의도를 구체적으로 전하는 것이지요. 아이가 숙제를 안 해서 화가 났더라도 카메라로 보듯이 "자고 이제 일어났구나"와 같이 '관찰'한 상황만 먼저 이야기해보세요. 그리고 평가하지 말고 하고 싶은 말의 의도가 드러나게 말해보세요. "오늘 하기로 한 숙제는 몇 시쯤 하는 게 좋을까?" "네가 8시까지는 숙제를 마쳤으면 좋겠어." 우리는 대화를 하고 있나요, 비난을 하고 있나요?

☺ 긍정적인 의도를 인정해주세요

아이의 '긍정적인 의도'를 알아주면 비난할 일이 확연히 줄어들어요. 예를 들어 아이가 숙제를 하지 못하고 잠들었더라도 '숙제하려고 했던 긍정적인 의도'를 알아주면 아이는 부모 말을 회피하거나 방어만 하는 게 아니라 '그래도 엄마는 내 마음을 알아주네'라는 생각에 충고도 받아들일 수 있습니다.

숙제를 못 하고 잠든 아이의 긍정적인 의도를 상상해볼까요? '숙제를 꼭 해야지'라고 생각했지만 잠을 이기지 못해 스르르 눈을 감았던 것일 수도 있어요. 또 몸이 아파서 잠들어버렸지만 열심히 하려고 한 흔적이 있다면 알아주세요. 못 하는 것이 있을 때마다 '그런 이유가 있었구나'라고 반응하면 오히려 핑계만 많아질 수도 있지만, 내 마음을 알아준다는 느낌이 들 때 아이는 눈을 껌뻑이며 스스로 책장을 펼 수 있습니다.

😊 사춘기가 오면 더 중요해지는 의사소통기술

화를 폭발하거나 비난만 하면 이해능력도 감정해석능력도 부족한 아이는 정작 부모의 의도를 이해하지 못해서 같은 잘못을 반복할 수 있어요. 부모의 진심과 바라는 것을 담아 이야기하면 아이에게 사춘기가 왔을 때도 대화하는 것이 습관이 되어 소통이 한결 편해질 수 있습니다.

아이 방이 어질러져 있을 때 이렇게 말했다고 해볼까요? "방이 돼지우리처럼 이게 뭐니? 방 좀 치워." 하지만 아이는 꿈쩍도 안 합니다. 그러면 부모는 단호한 목소리로 현재 상황이 문제가 되는 이유를 말하고, 그 상황에 대해 관찰하고 느낀 점을 이야기합니다. 그리고 원하는 것을 구체적으로 말합니다.

"바닥에 책이 널려 있으니까(관찰) 밟아서 미끄러질 수 있어.(상황) 엄마가 또 치워야 한다고 생각하니까 진이 빠지네.(엄마의 솔직한 생각과 감정) 엄마는 네가 책을 하나도 빼놓지 않고 책꽂이에 다 꽂았으면 좋겠어.(요청)"

대화에 공식이 있는 것은 아니지만 이것은 기억하면 좋겠습니다. 우리는 비난하지 않고 대화의 목적에 맞게 이야기하나요?

존중하면
경청할 수 있어요

바로 지금 눈앞에 있는 아이에게 집중하세요. 행복한 순간순간
이 모여 아이 인생이 된다는 것을 잊지 마세요.

존중하며 경청하기

공감과 경청은 실과 바늘처럼 따라다니지요. 그런데 단순히
물리적으로 '듣는 것'이 아니라 이것이 있어야 경청이라고 할 수
있습니다. 무엇일까요? 바로 '존중'입니다.

"네 생각은 그렇구나."(경청 후 반응)
"그런 생각이 들었을 수도 있겠어."(공감)
"엄마는 이런 생각도 드는데?"(엄마 생각 표현하기)
"네가 들어보니 어떤 것 같아?"(의견 구하기)

아이를 독립된 인격체로 여기고 존중할 때 이런 대화가 물 흐르듯 이어질 수 있어요. 하지만 우리는 "내 생각은 맞고 네 생각은 틀려"라는 전제를 두고 대화를 시작하다가 대화 단절을 겪기도 합니다. EBS 다큐 〈학교란 무엇인가〉에서 상위 0.1% 자녀를 둔 부모의 대화법이 소개된 적이 있어요. 아이가 밤늦게까지 컴퓨터를 한 상황을 놓고 이야기를 나누는데 상위 0.1% 자녀를 둔 가정과 다른 가정의 대화 분위기가 확연히 달랐어요. 어떤 차이가 있었을까요?

대화 1 # 대화가 술술 풀리는 가정

엄마: 충동을 조절할 수 있게 스스로 계획표 같은 것을 짜놓으면 조절되지 않을까?

아들: 제가 계획표를 지킬까요?

엄마: 그러게. 너는 나름대로 줄였다고 하는데 엄마가 볼 때는 다른 사람보다 훨씬 많이 하는 것 같아. (중략) 조절하는 것까지 봐주는 것의 조건이 네가 운동과 건강을 챙기는 거야.

아들: (엄마 말에 고개를 끄덕이며) 그 정도면 되지요.

상위 1% 자녀의 엄마는 자기 바람을 담백하게 전합니다. 어떤 비난도 짜증 섞인 표정도 없이 아이를 바라보고 말하지요. 아이도 엄마가 하는 말에 귀를 기울이다 이내 수긍하고 노력해보겠다는 뜻을 전합니다. 하지만 다른 가정은 서로 얼굴을 붉히며 대화가 단절되고 말았지요. 왜 한 아이는 부모 말을 경청하고 다른 아이는 귀를 닫아버렸을까요?

1. 공격만 하면 방어하기 바쁘다?

대화가 단절된 가정은 초반부터 삐걱댑니다. 엄마는 아이를 보자마자 얼굴을 찡그리고 비난합니다.

대화 2 # 대화가 단절되는 가정

엄마: 집에 오면 솔직히 짜증나. 너 그런 거 하면.

아들: (엄마 눈을 피하고 얼굴에 짜증이 가득하다)

엄마: 게임도 머리에 들은 게 있어야 하지. 매일 오락만 하고 게임만 하면 그게 되냐? 동생들이 보고 뭘 배우냐고.

아들: 알았어. 아… 진짜.

엄마: (아들의 반응을 보고 화가 나서) 저것 봐!

아들: 짜증나요.

아이는 참기 힘든 듯 손으로 얼굴을 가렸고 결국 폭발하고 말았어요. 그리고 속마음을 묻는 인터뷰에서 이렇게 말했어요. "그냥, 잔소리를 그만했으면 좋겠어요."

같은 주제였지만 한 가정은 '경청'의 대화가 이어졌고, 다른 한 가정은 엄마는 공격하고 아이는 방어만 하다 대화가 단절되었습니다.

결말을 열어놓고 서로 말에 귀 기울였던 가정은 탁구공을 주고받듯 비난 없이 대화를 자연스레 주고받았어요. 그리고 상위 0.1% 자녀를 둔 가정은 서로 말을 경청하며 '컴퓨터를 줄이고 건강 챙기기'라는 방법을 찾았어요. 엄마는 '그만 봐'가 아니라 '조절'하기 위해 어떡하면 좋을지 의견을 물어보고 경청했어요. 그러니 아이는 컴퓨터를 줄여야 하지만 아예 못하게 된 것은 아니고, 건강을 챙기라는 것도 자신을 생각해서 하는 말이라는 것에 수긍해서 감정적으로 반응하지 않았지요. 그리고 컴퓨터 하는 시간을 줄여보겠다고 마음먹었어요.

그렇게 서로 조금씩 원하는 것을 얻는 대화가 이어질 수 있었습니다.

2. '답정너' 부모는 아니신가요?

'답정너'라는 신조어가 있어요. 무슨 뜻일까요? "답은 정해져 있고 넌 대답만 하면 돼"라는 의미로, 남의 말은 듣지 않고 자기 의견만 고집하는 사람을 뜻해요. 원하는 답이 있으니 질문하더라도 "이대로 해"라고 하는 것이지요.

두 번째 가정에서 대화가 이어지지 못한 이유는 "컴퓨터를 그만해"라는 답을 내려놓고 이야기했기 때문이에요. 대화를 하기도 전에 아이가 어떻게 해야 할지에 대한 답을 정해놓고 비난을 퍼부으니 '말'로 공격당하는 아이는 수비만 열심히 할 수밖에 없었지요. 그러니 방어만 하다 '경기가 종료'되어버렸어요.

하지만 결말을 열어놓는 대화라면 어땠을까요? 경청해야 공감할 수 있고 마음이 움직여야 행동하게 됩니다. 혹시 우리는 "말안 들으면 알아서 해" "말대꾸하지 마" "하라면 그냥 해"처럼 답을 정해놓고 따르기만 바라는 권위적인 말습관을 가지고 있지 않나요?

"내 말을 따라야 해" "행동을 고쳐야 해"라는 전제에서 대화를 시작한다는 것은 이미 내 말이 맞고 너는 틀렸다고 믿는다는 말과도 같지요. 그러니 아이를 설득하거나 아이에게 지시하거나 명령하게 되지요. 우리는 아이가 '항상 엄마 할 말만 해' '결정은 다 해놓고 왜 물어보셔?'라고 생각하게 만들지는 않는지 돌아보아야 합니다.

3. '지금' 바로 '여기'에 집중해요

한 드라마에서 아들과 엄마의 공감불통 상황이 나왔어요. 고등학생 아들이 엄마에게 진지한 표정으로 대화를 청합니다. "엄마, 나 할 말 있어." 그러자 말이 끝나기가 무섭게 엄마가 말합니다. "용돈? 안 돼!"

아들이 답답해하면서도 말을 꺼내려고 하자 엄마는 아들 말은 듣지도 않고 다 안다는 듯이 이야기합니다. "독서실? 그냥 다녀라." 아들이 진짜 하고 싶었던 말은 무엇이었을까요? 아들은 학교생활이 힘들어서 "엄마, 저 자퇴하고 싶어요"라는 말을 하고 싶었어요.

하지만 엄마는 단번에 말을 자르고는 비난했고, 일어나지도 않은 일을 비약해 부정적 예측까지 쏟아냈지요. "자퇴? 그게 무슨 말이야. (중략) 그럴 줄 알았어. 그러다 나중에 독거노인으로 살다가 고독사한다."

엄마가 극단적인 결론까지 내버렸으니 어떻게 되었을까요? 결국 대화가 단절되고 말았고, 아들은 가출 선언을 해버리고 맙니다. 아들의 자퇴 선언에 엄마는 얼마나 놀라고 걱정되었을까요? 하지만 아이는 아무리 해도 들어주지 않으니 나름대로 격한 '표현'을 한 것이지요.

우리는 종종 미래에 대한 걱정과 불안 때문에 정작 지금 아이 목소리는 듣지 못하는 것은 아닐까요? 먼 미래에 부모가 꿈꾸는 아이 모습보다 더 중요한 것은 '여기 바로 지금(Here and Now)' 내 눈앞에 있는 아이입니다. 지금 이 순간순간이 모여 하루가 되고 그 하루하루가 모여 아이 인생이 된다는 사실을 잊지 마세요.

학년이 올라갈수록 공부를 잘하고 자신감이 붙는 아이가 있는가 하면 그렇지 않은 아이도 있어요. 그 차이를 만드는 큰 힘이 뭘까요? 바로 '내적 동기'입니다. 내적 동기가 높은 아이는 도전적이고 지적 욕구가 높은 반면 불안감이 낮아 학업성취도가 높고 학교생활에도 잘 적응합니다. '공부'에는 목표를 위해 책을 펼치고 집중하며 자기조절을 하는 인내심이 중요하지요. 지식과 정보를 '내 것'으로 만들기 위한 노력을 기울이는 '실행' 과정도 필요해요. '시켜서 하는 공부'가 아니라 '하고 싶어서 하는 공부'가 되게 하려면 부모에게는 어떤 습관이 필요할까요?

즐겁게 배우는 아이로
키우는 부모의 습관:
학습편

선택한 것을 즐겁게 할 때
자라는 '내적 동기'

행동은 움직이는 힘, 내적 동기는 통제보다 자율성을 줄 때 자랄 수 있습니다.

시간이 흐를수록 공부도 잘하고 속도도 붙는 아이가 있는가 하면 그렇지 않은 아이도 있어요. 그 차이를 만드는 큰 힘이 뭘까요? 바로 '내적 동기'입니다. 내적 동기는 자기만족, 성취욕, 자존감에 따라 자발적으로 일어나는 동기이자 행동을 변화시키는 힘이에요. 내적 동기가 높은 아이는 어떤 장점이 있을까요? 도전적이고 지적 욕구가 높으며 불안감이 낮아 학업성취도가 높은 경향을 보이는데다 학교생활에도 더 잘 적응합니다.

하지만 요즘 아이들은 공부든 재능을 키우는 일이든 외적 동기가 강한 경우가 많아요. '시켜서' 또는 '주변을 의식해서' '용돈이나 상을 받으니까' '친구들에게 인정받고 싶어서'와 같은 외적 동기는 자발적으로 나오는 내적 동기보다 힘이 약할 수밖에 없어요. 어떡하면 아이에게 '배움'에 대한 내적 동기를 길러줄 수 있을까요?

🙂 '흥미' 있는 분야를 찾거나 흥미를 만들어주거나!

몰입이론의 창시자 미하이 칙센트미하이는 내적 동기의 중요성을 강조하며 흥미와 즐거움을 느낄 수 있을 때 집중이 일어난다고 했습니다. 흥미를 가져야 내적 동기가 생겨나는 것이지요. 저학년일수록 뚜렷한 목표를 세우기 힘들고 따분하거나 너무 어려운 것을 배우면 몰입하기 힘들 수밖에 없습니다. 그러니 조금 쉬운 것부터, 아이가 흥미나 관심을 가지는 것부터 시작해서 내적 동기를 키워주세요.

'도파민 효과'라는 말을 들어보았나요? 도파민은 뭔가를 좋아할 때 분비되어 '동기부여 호르몬'이라고도 합니다. 기분 좋은 상태에서 도파민이 분비되면 뇌 활동이 활발해져 몰입력을 높여주지요. 선택한 일을 즐겁게 할 때는 사고능력이 높아지는 전두엽이 활성되어 학습효과도 높아집니다.

예를 들어 외국어를 배울 때도 놀이나 게임처럼 즐겁게 접근하면 언어를 즐겁게 받아들입니다. 학습 스트레스를 과하게 받지 않고 즐거운 환경에서 자주 쓰면 언어를 관장하는 뇌가 발달하게 되고, 언어능력이 발달하면서 그 안에서 성취감을 느끼고 인정받는 경험이 반복되면 내적 동기가 자랄 수 있어요.

아들이 4학년에 올라갈 무렵이었어요. 영어에서 쓰기와 말하기는 조금 어려워했지만 암기를 잘하는 점을 활용해 영어 실력을 높이려고 '단어 실력 향상'이라는 계획을 함께 세웠어요. 그래서 아들이 리듬감이 좋은 점을 활용해 영어 단어를 리듬에 맞춰 같이 읊으면서 아들이 춤을 추기도 하고, 안 외워지는 단어는 재미있는 상황을 연상해서 기억에 오래 남게 하기도 했어요.

예를 들어 intent(집중된, 몰두하는)라는 단어가 어렵게 느껴진다는 아이에게 "tent 안에(in) 레고가 쌓여서 애들 관심이 집중되었어"라면서 기억하게 했지요. 처음에는 재미있는 방식으로 시작했지만, 아는 단어가 많아지고 수업시간이 전보다 덜 어렵다는 반응을 보이면서 숙제도 적극적으로 했고 실력도 쑥쑥 늘었습니다.

아무런 동기가 없는 상태에서는 저절로 동기가 생기지 않아요. 그럴 때는 외적 동기로 먼저 마음을 움직여주면서 내적 동기를 불러일으키게 하는 과정이 필요합니다. 영어에 관심이 없었다가도 '아이가 좋아하는 것을 활용해 공부'하면서 재미를 느껴보고 칭찬도 듣다 보면 즐거운 자극을 받아 '영어도 재미있네'라는 생각도 한 번씩 하게 됩니다.

가령 길을 묻는 외국인에게 길을 안내해주는 보람도 느끼며 '어, 영어를 배워두니 쓸만한데?'라는 생각이 들면 점점 공부하는 이유를 인정하고 수용하는 단계로 나아갈 수 있어요. 그러면서 공부에 대한 의지와 열정이 조금씩 자라 자발적으로 공부하는 단계로 들어서면, 조금씩 어려운 도전에서 기쁨을 느끼며 '공부'를 즐기거나 진정성을 가지고 노력해나가게 됩니다.

☺ 배움에 대한 내적 동기를 키워주려면

월드스타가 된 방탄소년단도 내적 동기가 성장의 에너지였다고 하는데요. 내적 동기를 키우는 데 중요한 역할을 한 것이 '자율성'이었다고 합니다. 방시혁 프로듀서는 멤버들의 자율성을 존중하고 통제하지 않으면서 내적 동기를 키워주었다고 해요. 연습과 레슨은 필요한 피드백만 주었고 연습생 시절에도 핸드폰이나 소셜미디어 이용을 제약하지 않았고요. 하지만 모두 공감한 것은, 자기 선택에 책임을 지고 스스로 유능해지도록 노력해야 한다는 것을 알았고 또 실천했다는 거예요. 자율성 안에서 스스로 행동을 통제하는 가운데 내적 동기도 자란 것입니다.

공부도 그렇습니다. 아이 수준보다 너무 높은 목표를 잡지는 않았는지 점검해보세요. '텔레비전을 5시까지 보고 그다음에는 수학 5단원을 공부할 거야.' 이렇게 계획을 세웠지만 잘 지켜지지 않으면 "알람을 설정해볼까?"라며 실행 아이디어를 함께 이야기하기도 하고 아이가 자율성 안에서 스스로 통제하는 능력도 키워주세요.

이때 주의할 점은 지킬 수 없는 규칙을 세우거나 자유를 무제한으로 주면 오히려 실현 가능성이 없는 뜬구름 같은 계획이 되거나 기준이 없어 실천과 멀어질 수 있다는 겁니다. 원칙을 세웠다면 지키고 그 안에서 자율성을 경험하고 성취감을 느껴보면 "열심히 해볼래"라는 마음의 소리에 따라 스스로 책을 펼치는 아이가 될 거예요.

● 공부를 '해야 한다'에서 '하고 싶다'로 느끼게 하려면? ●

1. 숙제나 공부를 할 시간을 스스로 정하게 하기
2. 텔레비전이나 게임을 언제까지 즐기고 숙제를 할지 아이 의견 반영하기
3. 학습계획을 아이가 주도적으로 짠다는 느낌 주기
4. 아이를 믿으며 "그래, 이렇게 해보자. 잘할 수 있을 거야" 하면서 긍정적인 기대를 갖고 기다려주기
5. 공부 방법을 아이가 선택하게 해보기(시행착오를 겪으면서 효과적인 방법을 찾을 수 있게)
6. 너무 어렵지 않은 도전 상황에서 조금씩 목표를 높여 '어려운 것'도 해냈다는 자신감 갖게 하기
7. 성적이 올랐을 때 기분을 상상해보기

배우는 것이 힘들었던
기억의 부작용

즐겁게 배우면 뇌신경의 연결이 촘촘해지고 단단해져요. 또 더
정확히 기억하고 지식도 풍부해집니다.

미국의 심리학자 에이브러햄 매슬로는 동기이론에서 인간의 욕
구를 여러 단계로 구분했어요. 1단계는 '먹고 싶어' '자고 싶어'
와 같은 생리적 욕구예요. 2단계는 안전의 욕구, 3단계는 애정과
소속의 욕구, 4단계는 존경의 욕구이고, 가장 높은 5단계는 '자아
실현의 욕구'입니다. 그런데 인간은 낮은 단계가 충족되지 않으
면 다음 목표를 추구하려는 동기가 생기지 않는다고 해요.

그러니 배가 고프거나 힘들고 졸리다면 의자에 앉아 있다고,
연필을 손에 쥐고 있다고 '공부가 되는 것'은 아닐 수도 있어요.
자아실현을 위한 노력의 동기가 잘 생기지 않으니까요. 오히려
너무 힘들고 배고플 때 해야만 하는 공부는 '싫은 것'으로 각인

될 수 있지요. 배우는 것이 너무 힘들었던 기억은 어떤 부작용을 가져올까요?

부정적인 감정은 왜 오래갈까?

'부정편향성 이론'에 따르면, 인간은 분노, 슬픔, 공포와 같은 부정적 감정에 몰두하는 경향이 있다고 해요. 긍정적 기억과 감정보다 부정적인 것이 더 강도가 세게 느껴지고 오래간다는 것이지요. 가령, 누군가에게 칭찬과 인정을 받았을 때의 기쁨도 크지만, 비난받거나 무시당했을 때 더 큰 강도로 느껴지고 오래가기도 합니다.

어릴 때 공부 때문에 괴로웠던 기억이 자주 반복되면 그 기억이 오래 남아 나중에 공부와 담을 쌓는 일도 있어요. 어른이 되어서도 초등학교 시절에 밤늦게까지 어려운 수학 문제를 풀었던 기억이 남아 "나는 숫자만 봐도 머리가 아파"라고 하는 경우도 있지요. 하지만 즐겁게 배우면 물이 물길을 따라 흐르고, 더 많은 물이 흐르는 것처럼 뇌신경 연결도 더욱 촘촘해지고 단단해지면서 그 길이 선명하고 깊어질 수 있어요. 즐겁게 배운 것은 더 정확히 기억하고, 지식도 풍부해질 수 있습니다.

오래 앉아 있으면 많이 배운다는 생각은 착각

다양한 경험을 하는 것이 좋다지만 지나치면 에너지를 모아야 할 것에 집중하지 못하고 쉽게 피로해질 수 있어요. 아이마다 하루에 써야 하는 에너지양이 달라요. 많이 움직이며 에너지를 쓰지 않으면 학습효과가 잘 나지 않는 아이라면, 운동을 하거나 실컷 놀고 나서 책상에 앉는 게 효율적이지요.

또 "우리 애는 집중력이 너무 낮아요"라며 걱정하는 부모가 많지만, 아이들은 대개 집중력이 오래가지 않습니다. 저학년은 15~20분 정도가 지나면 서서히 집중력이 흐트러져 주변을 자주 돌아보거나 공상에 빠지기도 하지요. 엉덩이 힘을 계속 길러온 아이라면, 6학년이면 한 시간은 한번에 쭉 집중하기도 해요.

하지만 집중력은 한계가 있는데다 너무 많은 정보가 들어오면 다 입력되지도 않습니다. 아들이 공부를 한 시간 하더니 게임을 하고 싶어 이런 이유를 댔습니다. "엄마, 머리에 너무 많은 것을 넣으면 다 튀어나와. 그러니까 머리 좀 비워야 해. 나 게임 좀 할게." 게임을 한다고 머리가 비워지는 것은 아니지만, 어느 정도 뇌를 쉬게 해야 한다는 면에서는 일리가 있는 말이기는 합니다.

인간의 학습과정을 컴퓨터의 정보처리 과정에 비추어 설명한 '정보처리이론'에 따르면, 지식과 정보는 우리 뇌에서 다음과 같은 과정을 거칩니다.

입력 → 저장 → 인출

　수많은 정보가 들어와도 우리가 의도적으로 주의를 기울이면서 집중하지 않으면 일부 정보만 단기기억으로 넘어가고, 그 기억을 꺼내어 쓰지 않으면 사라져버려 장기기억으로 넘어가지 않는다고 해요. 그러면 인출해서 쓰려고 해도 쓸 수 없는 지식으로 남을 수밖에 없겠지요. 따라서 오래 앉아서 많이 공부하고 머리에 넣겠다는 생각이 반드시 효율적이지는 않겠지요. 유독 집중을 하지 못하고 산만하다면, '관심 없는 것을 시킨 것일까? 하기 싫은 것을 억지로 하는 것은 아닐까?'도 생각해보세요.

　"지금부터 한 시간 동안 움직이지 말고 문제 다 풀어"라고 하면 아이에게는 공부보다 '꼼짝 않고' 앉아 있어야 한다는 것이 더 힘들게 느껴질 수 있어요. 좋아하는 책을 읽으면서 30분! 앉아서 레고 조립하면서 40분! 좋아하는 그림 그리면서 50분! 이렇게 좋아하는 일을 하면서 조금씩 엉덩이 힘을 기를 수 있게 해주세요.

　"30분은 한자 학습지 하고, 30분은 국어 공부 하자." 이렇게 여러 과목을 너무 길지 않게 공부하다 점점 한 과목에 길게 집중할 수 있게도 해보세요. 공부가 '너무 힘든 것'이 아니라 '할 만한 것'으로 기억될 수 있게 말이지요.

공감받아야
잘 배우는 이유

마음을 부드럽게 적셔주는 부모의 따뜻한 말이 즐겁게 배울 수 있는 아이로 자라게 합니다.

민서 엄마는 3학년 된 민서에게 벌써 사춘기가 찾아왔다며 한탄했어요. "요즘 학원만 가라고 하면 이유도 없이 싫대요. 어제는 애랑 싸우다가 저도 속이 상해서 그만 엉엉 울었다니까요." 알고 보니 민서는 일요일 빼고 매일 학교 다녀온 뒤 학원을 2~3개씩 다녔는데, 일이 쳐다보기도 싫어진 직장인처럼 몸과 마음의 피로감이 극도로 높아지고 무기력해진 '번아웃'이 된 것이었어요.

한 방송에서 번아웃 증후군이 만연한 '피로사회' 대한민국의 현실을 진단했는데, 서울의 한 초등학교 아이들 23명 중 3명 정도가 번아웃 증후군 환자에 버금가는 스트레스 수치를 보였다는 내용을 보고 깜짝 놀랐어요. 민서 엄마는 민서가 학원을 '이유 없이 다니기 싫어한다'고 생각했지만 아이도 그만큼 힘들었던 거예요. 하지만 엄마는 힘들어한 마음에 공감하지 못해 아이에게 일찍 사춘기가 와서 그런다고만 생각한 것이지요.

아이들은 어릴수록 "공부를 잘해야 아빠처럼 의사 되지" "먹고살려면 대학은 무조건 좋은 데 가야 해"와 같은 먼 미래의 말이 와닿지 않아요. 그런데 대부분 아이들이 이유도 모른 채 엄마가 다니라고 하니까 학원에서 시간을 죽이고 올 때가 많아요. 하지만 힘들게 달려가야 한다면 오랫동안 잘 참고 달릴 수 있을까요? 뭔가를 배울 때, 마음이 움직여야 뇌도 잘 가동됩니다.

🙂 감정이 불안하면 '공부 뇌'가 잘 가동되지 않아요

1960년대 뇌과학자 폴 맥린 박사는 인간의 뇌가 3층이라는 것을 밝혀냈어요. 1층은 '파충류의 뇌'라고 불리는데, 생명 유지 기능을 담당해요. 2층은 감정을 느끼고 표현할 수 있게 하는 변연계로 '감정의 뇌'라고도 하고요. 3층은 이성적 사고 기능을 담당하는 전두엽이 있는 '영장류의 뇌'라고 합니다.

그렇다면 학습에 가장 중요한 뇌 부위는 어디일까요? 바로 '전두엽'이 있는 곳입니다. 전두엽은 뇌의 각 부위에서 올라온 정보를 모으고 비교·분석해 판단하는 총사령관 노릇을 해요. 그래서 '공부머리'를 관장한다고도 하지요. 그런데 뇌의 각층은 연결되어 있어, 서로 영향을 받는다는 것, 알고 계시나요? 건물의 아래층이 부실하면 바로 윗층이 영향을 받기도 하고, 1층에 문제가 생기면 2층과 3층이 모두 흔들리기도 합니다. 예를 들면 이렇습니다.

- 공부머리가 잘 가동되지 않음 (3층)
- 기분이 안 좋거나 불안함 (2층)
- 아프거나 많이 피곤함 (1층)

초등학생은 이성의 뇌이자 공부머리인 전두엽이 자라는 중이어서 어른보다 감정에 영향을 많이 받아요. 그래서 숙제를 하지 않은 아이에게 "숙제하라는 말 못 들었어? 엄마 말 안 듣고 뭐 하는 거니?"라고 심하게 화를 내면 '숙제를 당장 해야겠어'라고 이성적 판단을 하기보다 '엄마 너무 무서워' '짜증 나'처럼 감정에 먼저 반응하지요. 이성 뇌는 정서가 불안한 상태에서는 제대로 가동하지 않아요. "우리 딸 재미있게 배우니 엄마도 기분 좋네" "어렵다고 하더니 끝까지 열심히 했네." 이렇게 감정을 어루만져 줄 때 전두엽도 제 할 일을 잘할 수 있어요.

🙂 부드럽게 마음을 만져주면 스스로 책을 펴요

딸이 초등학교 1학년 때였어요. 산책하러 가자고 했는데 뭔가 주섬주섬 챙기는 게 아닌가요. 자세히 봤더니 한글 쓰기 노트였어요. 오빠가 받아쓰기하는 것을 보더니 "나도 받아쓰기하면 잘할 수 있는데" 하면서 학교에서 받아쓰기할 날을 손꼽아 기다렸지요. 그런데 2학년 때부터 본격적으로 한다니 아이는 실망했어요. 그래서 집에서 아이가 재미있게 글을 쓸 수 있게 한글 노트를 만들고 아이가 좋아하는 글씨 위주로 '공주가 노래를 한다' '딸기가 방 안에 가득합니다'처럼, 따라 쓸 글까지 써넣고 놀이 식으로 할 수 있게 해주었어요.

아이가 노래까지 부르면서 즐겁게 공부하길래 칭찬해줬지요. "우리 딸 받아쓰기가 그렇게 하고 싶었어요? 재미있게 잘하니 엄마도 기분이 좋네. 연필 쥔 손도 어쩜 이렇게 야무질까?" 아이는 칭찬에 기분이 좋아진데다 글씨 연습도 재미있으니 신났지요. 아파트 벤치에서 "엄마, 나 한 바닥 쓰고 갈래" 하더니 공책을 펼쳤어요. 엄마한테 보여주고 칭찬받으려는 마음이 보이긴 했지만 그래도 아이가 즐겁게 공부하려는 모습이 대견했어요. 마음을 움직이는 따뜻한 말이 즐겁게 배우는 아이로 자라게 합니다.

공부 자존감을 키워주려면

내면의 힘으로 공부 저력을 키워나간 아이들은 삶에서 크고 작은 과제를 만났을 때도 잘 헤쳐 나가는 힘을 키울 수 있습니다.

초등학교 때는 공부를 꽤 잘한다는 소리를 듣다가 학년이 올라가 과목이 많아지고 내용이 어려워지면 "더 못하겠어요" "너무 어려워서 힘들어요"라면서 손을 놓아버리는 아이들이 있어요. 공부한다는 것은 조금씩 어려워지는 관문을 만나도 끈기를 가지고 노력해나가는 자기조절 과정이기도 한데요. 이것을 잘 활용하면 삶에서 크고 작은 일을 만났을 때 극복해낼 수 있는 힘으로 작용할 수 있습니다.

그런데 이처럼 일찍 포기하는 아이들도 안타깝지만 더 마음 아픈 것은 공부를 잘하던 아이가 성적이 떨어지면 "난 쓸모없는 사람이야"라며 존재가치가 무너지는 것처럼 느끼는 경우도 있다는 거예요. 이런 아이들은 자기 가치를 지나치게 '성적'에만 걸었기 때문입니다.

'공부 저력'을 길러주면서 성적이 떨어졌을 때도 자신을 소중하게 생각하는, 마음 변치 않고 끈기를 갖고 노력할 수 있는 마음의 힘이 필요합니다. 이것이 바로 공부 자존감이라고 할 수 있는데요. 어떻게 도와주면 좋을까요?

자기효능감과 자존감이 만났을 때

아무리 공부를 잘한다는 아이도 성적은 언제든 오르내릴 수 있어요. 그리고 지금 학습 역량이 발휘되지 않는 아이도 언젠가는 무섭게 치고 올라갈 수 있고요. 공부에 대한 자기효능감을 제대로 키워주려면, 마음그릇에 자존감도 함께 채워주세요. 자존감이 높은 아이는 자기 능력을 믿고 특정한 상황에서뿐만 아니라 인생에서 큰 실수를 하거나 역경을 만나도 의연하며, 노력하면 성취할 수 있다는 자기 확신도 있으니까요.

예를 들어 수학을 못 하면 '난 국어를 잘하니까'라며 자기 강점을 믿고 남의 평가에 크게 흔들리지 않아요. 자신을 소중한 존재로 생각하기에 공부를 잘하든 못하든 현재의 내가 부족해도 자신을 아낄 줄 알지요.

자기효능감 (Self-efficacy)	자아존중감 (Self-esteem)
특정한 상황에서 주어진 과제를 성공적으로 이끌 수 있다는 개인의 능력에 대한 믿음	자신을 가치 있는 사람이며 사랑받을 만한 소중한 존재로 바라보는 주관적인 생각

이런 아이들은 '공부 동기'가 생겼을 때 나보다 잘하는 아이들을 보며 조바심 내지 않고 비교하지도 않아요. 내게 맞는 방식을 찾으면 해낼 수 있다는 자신감도 있어서 자기 속도와 계획에 맞춰 앞으로 나아갈 수 있어요.

공부 저력이 삶에서 발휘되게 하려면

아이에게 내면의 힘과 공부 저력을 함께 키워주려면 어떤 자세가 필요할까요?

첫째, 지금은 부족해도 앞으로는 발전할 수 있다고 믿고 따뜻하게 바라봐주세요.

둘째, 조금이라도 잘한 것이 있다면 인정하고 격려해주세요. 예를 들어 어떤 문제를 풀었을 때 틀린 것을 ×로 표시하지 않고 별이나 하트 모양으로 그리며 말하세요. "오늘은 모르는 것을 이

만큼 발견했어. 뭐든 알아가는 것이 공부니까 좋은 공부 했다. 그치?" 학업 성취가 만족스럽지 않아도 "10점밖에 못 올랐어"가 아니라 "10점이나 올랐어"라며 격려해주세요.

또 격려도 중요하지만 실수나 실패에 대해 생각해보게 하면서 좌절한 아이 감정을 수용하고 공감하며 아이가 다시 일어설 수 있게 도와주세요.

셋째, 아이가 새로운 과제를 하거나 목표를 설정할 때 함께해주세요. 이때 아이가 자기 능력을 이해하고 현재 할 수 있는 수준으로 목표를 잡거나 수정할 수 있게 도와주세요.

넷째, 할 수 있다는 믿음을 갖는 데서 그치지 않고 '노력은 배신하지 않아'라는 것을 경험하고 행동으로 옮길 수 있게 도와주세요.

공부는 목표를 이루기 위해 책을 펼치고 집중하며 자기조절을 하는 인내심, 지식과 정보를 '내 것'으로 만들기 위한 노력을 기울이는 실행 과정이 중요합니다. 내면의 힘으로 공부 저력을 키워나간 아이들은 삶에서 크고 작은 과제를 만났을 때 잘 헤쳐 나가는 힘을 키울 수 있어요.

공부를 싫어하게 만드는 부모의 말 습관

속도와 양으로 승부하는 공부는 오히려 기억에 오래 남지 않을 수 있습니다.

배우고 익히는 과정을 학습(學習)이라고 하지만 어느 순간 배우기 부담스러워하고 거부하는 시간이 길어지는 경우가 있어요. 학습의 의미처럼 그 과정이 즐거워야 진정한 배움이 이뤄질 수 있습니다. 하지만 공부를 잘했으면 하는 마음이 앞서 오히려 공부를 싫어하게 만드는 말을 무심코 던지는 경우가 많아요.

공부를 안 하면 나쁜 아이로 생각하게 하는 '질책어'

아이가 공부에 흥미를 잃게 만드는 이유 중 하나가 부모의 조급함이에요. 우리 학교애는 독서록도 잘 못 쓰는데 친구 아이는 영어로 독서 감상문에 일기까지 쓴다는 소식이 들리면 불안감이 올라오지요. 불안감은 "넌 어떻게 10분도 집중을 못 하니. 다시 책 펴" "벌써 힘들다고? 그냥 해" 같은 부정적인 말과 행동으로 나오게 됩니다. 공부 습관을 초장에 잡아야 한다는 생각에 내 마음처럼 따라주지 않으면 질책하거나 협박 아닌 협박을 하기도 합니다. "얼마 되지도 않는데 그것도 다 못하면 학습지 끊어버린다."

하지만 아이는 비난을 너무 자주 들으면 좀더 잘해야겠다는 생각보다 이런 죄책감을 느낄 수 있어요. '난 가만히 앉아 있지도 못하는 아이야' '난 엄마를 자꾸 화나게 만드는 아이야.' 우리의 말 습관은 어떤가요?

☺ 속도와 마무리가 중요한 '빨리빨리' 독촉어

"오늘은 공부를 이만큼 해야 해" "내일까지 10권 읽어야 해" 하며 학습량과 시간을 무리하게 잡고 '미션 완료'를 하려 할 때 자주 하는 말이 뭘까요? '빨리빨리 독촉화법'입니다. "얼른 오늘 숙제 다 끝내자" "다섯 문제만 더 하면 끝이야. 얼른 하자." 빨리 끝난다는 말에 속도를 낼 수도 있지만 이런 생각이 들 수도 있어요. "공부는 빨리빨리 하는 게 좋은 것이구나." 느리거나 학습능력이 높지 않다면 "나는 빨리빨리 못 하는데 어떡해?" 하며 걱정만 할 수도 있어요.

책을 읽어줄 때도 '오늘은 10권'이라고 정해놓고 목표를 철저히 완수하려 하다 보면 아이가 눈을 끔뻑끔뻑해도 책을 펼치게 되고 목소리로 100미터 달리기라도 하듯 급하게 읽어주는 경우도 있지요. 하지만 다 읽는다고 해도 머릿속에는 '오늘 가장 재미있었던 것', '조금 전에 읽었던 것'이 남기 쉽고, 다음 날이면 많은 것이 기억공간에서 지워집니다.

인간의 기억력에 대해 설명하는 에빙하우스의 망각곡선에 따르면, 학습 바로 직후에 망각이 매우 급격하게 일어나고, 남아 있는 기억은 58%밖에 되지 않습니다. 그리고 한 달이 지나면 21%

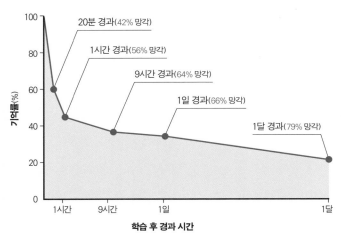

● 에빙하우스의 망각곡선 재구성 ●

만 남는다고 해요.

물론 개인차도 있지만 주목해야 할 것은 이것입니다. 이해력이 어른처럼 높지 않은 초등학생은 어려운 책을 읽었을 때는 더더욱 기억할 수 있는 것이 적은데다 기억력의 이런 특성을 생각해보면, 한번에 너무 많이 채워넣는 것은 오히려 효과가 덜할 수 있어요. 너무 어렵지 않은 내용을 여러 번 읽는 것이 기억에 더 오래 남을 수 있습니다.

🙂 공부는 '시켜서 하는 것'으로 생각하는 명령어

"공부를 시키면 시킬수록 아이와 사이만 나빠지는 것 같아요"라고 고민하는 엄마가 있었어요. 왜 사이가 나빠진다고 생각했을까요? 말 그대로 공부를 시키는 것으로 생각했기 때문이에요. 유치원 때는 비교 대상이 잘 안 보이다가 초등학생만 되어도 풀어야 할 문제 수준이 높아지고 양도 늘어 실력 차가 보이기 시작하면 불안감이 쓰나미처럼 몰려옵니다.

마음에 여유가 없어지면 스스로 연필을 잡을 때까지 기다려주지 못하고 공부를 자꾸 시키게 되지요. "공부 좀 열심히 해" "책상에 진득하게 앉아 있어"라는 명령조만 튀어나오다 보면 '엄마는 시키는 사람' '난 시키면 해야 하는 사람'이 되어 거리감이 들

수밖에요.

아이가 선택해서 하는 느낌으로만 말을 바꿔도 긍정적으로 받아들일 때가 많아요. 스스로 한 말에 책임감을 느끼고 지킬 수 있게 "몇 시에 하는 게 좋을까?" "언제 하는 게 공부가 잘되니?"라고 묻고 기다려주세요.

"다 했니?" "몇 점 맞았니?" 같은 결과 중심의 결제어

해도, 해도 끝없는 집안일과 전쟁하다 보면 일과를 마무리하고 쉬고 싶은 마음에 "숙제 다 했니?" "오늘은 몇 점 맞았니?" 하며 자꾸 체크하게 됩니다.

한 워킹맘은 "엄마는 숙제 다 했니? 그 말밖에 할 말이 없어"라는 아이의 원망을 듣고는 정신이 번쩍 들었다고 해요. 보고 싶어하루 종일 기다렸는데 인사도 하기 전에 '숙제'만 물어보는 엄마가 너무 야속했던 거지요.

공부를 하거나 숙제를 다 하는 것도 중요하지만 아이가 학교에서 돌아왔을 때는 "보고 싶었어" "학교에서 급식 많이 먹었니?" 하며 관심과 반가움을 표현해주세요. 그 후 무엇이든 확인해도 늦지 않으니까요.

 **가르치는 것이 힘들어 튀어나오는 짜증**

　가르치는 부모가 정작 공부하는 과정이 즐겁지 않을 때도 많지요. 공부가 싫거나 힘든데 억지로 책을 펼쳐야 할 때 짜증 섞인 말들이 많이 튀어나옵니다. "어휴, 몇 번을 더 가르쳐줘야 해" "네가 좀 알아서 하면 안 돼?"

　그러면 아이들도 부정적인 반응을 보고 이렇게 느낄 수 있습니다. '제대로 안 가르쳐주고 혼만 내' '짜증만 내니까 무서워서 못 물어보겠어.' 공부할 때 부정적인 경험을 자주 하면 이렇게 느낄 수 있겠지요. "공부하는 시간이 힘들고 괴로워!"

　공부할 때 유난히 짜증과 화를 많이 낸다면 직접 가르치려다 역효과가 날 수도 있으니 가르치는 사람이 좋아하는 과목 중심으로 무리하지 않는 양을 정해보세요. 유독 수학이 힘들어서 머리가 아픈 엄마라면 수학만 아빠와 함께하게 한다거나 아이를 직접 가르치지 않고 공부한 것을 체크하거나 격려해주는 것으로 역할을 조금 줄여보세요.

성장 마인드 셋 키워주는 법

성장형 사고를 길러주세요. 실패나 실수를 해도 집중력과 노력, 의지를 발휘해 삶을 더 나은 방향으로 나아갈 수 있게 해줍니다.

공부의 범위를 삶으로 확장해볼까요? 수많은 상황과 마주하며 부딪치고 역경을 극복해나가며 세상을 배우는 것도 공부니까요. 스탠퍼드대학교 심리학과 캐럴 드웩 교수는 저서 『마인드 셋』에서 중요한 자질들이 개발 가능하다는 '믿음'을 가지는 것을 '마인드 셋'이라고 설명했어요. 자기 능력을 믿고 역경을 극복해나갈 수 있는 사람을 '성장 마인드 셋'을 가진 사람이라고 이야기했지요. 성장 마인드 셋을 가진 사람은 지능도 성장할 수 있는 것이라고 믿습니다. 이런 믿음은 왜 중요할까요?

🙂 '성장 마인드 셋'을 가진 아이가 삶을 대하는 태도

캐럴 드웩 교수는 자기 재능과 능력을 어떻게 생각하느냐에 우리 삶이 큰 영향을 받는다고 했어요. '노력'하면 재능과 능력을 바꿔나갈 수 있고 인생의 험난한 시기도 잘 극복할 수 있다고도 했고요. 실패나 실수를 해도 '집중력'과 '노력' '의지'를 발휘해 성취하면서 삶을 더 나은 방향으로 나아갈 수 있게 한다고요.

반대로 '고정 마인드 셋'이라는 말이 있어요. 자신의 자질과 능력이 정해져 있다고 생각하고 지능도 고정된 것으로 여기지요. 이런 아이들은 어떤 모습을 보일까요? 실패 앞에서 쉽게 낙담하고 "아무리 노력해도 소용없어"라며 자신을 무능하다고 여기는 경향이 있어요. '성장 마인드 셋'을 지닌 아이와 그렇지 않은 아이를 시험을 잘못 보았을 때 반응으로 비교해볼까요?

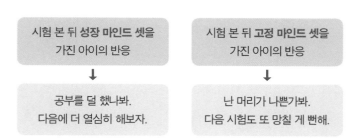

성장 마인드 셋이 있는 아이는 성적이 잘 나오지 않았어도 이처럼 '변화시킬 수 있는 것', 즉 노력에 주의를 기울이고 더 열심

히 할 거라며 의지를 다지지요. 그런데 공부에서 노력을 하는 것도 중요하지만 간과하지 말아야 할 것도 있어요. 『마인드 셋』에서는 때로 너무 적게 노력하기 때문이 아니라 너무 많이 노력하기 때문에 문제가 생기는 상황도 알아야 한다고 했어요. 아이가 친구를 앞지르기 위해 과외를 받는다면 열심히 노력하는 것이지만 '성장 마인드 셋'을 갖췄다고는 할 수 없다면서 이렇게 말했지요.

"배움에 대한 사랑이 부족하기 때문입니다. 이런 경우는 대개 부모나 다른 사람에게 자신을 입증해보이려는 겁니다." 아이의 공부 동기와 태도도 살펴보세요. 자기 가치를 증명하기 위해 노력하는 게 아니라 새로운 것을 배우고 즐기는 진정성 있는 '노력'을 하는지 말이지요.

🙂 가정에서 성장 마인드 셋을 키우는 연습

캐럴 드웩 교수는 가정에서 성장 마인드 셋을 길러주는 것이 중요하다면서 이렇게 이야기했어요. '부모가 자녀에게 줄 수 있는 가장 좋은 선물은 도전을 좋아하고, 실수에서 흥미를 느끼고, 노력을 기울이고, 배움을 지속하도록 자녀들을 가르치는 것'이라고 말이지요. 그러면서 이런 대화를 해보라고 말합니다.

"오늘 뭘 배웠니?"

"오늘 네가 한 실수에서 어떤 교훈을 얻었니?"

"오늘 뭘 하려고 노력했니?"

부모도 성장 마인드 셋을 키우는 연습을 하는 것이 중요하다고 합니다. '어제는 하지 못했지만 오늘은 갖추게 된 기술에 대해 이야기하고 우리가 저지른 실수가 문제 해결의 열쇠가 된 이야기도 흥미롭게 들려주면 아이도 성장을 위한 대화 속에 뛰어들게 될 것'이라고 말이지요.

부모도 아이를 키우면서 만나는 여러 가지 상황에서 실수하더라도 배우고 성장할 수 있다는 믿음을 가져보세요. 아이와 있었던 일을 떠올리며 그 안에서 내가 배운 것이 무엇인지 생각해보세요. 그리고 노력과 시간을 들이고 전략을 세워 변화를 위해 행동해보세요. 우리는 오늘 아이와 하루를 보내면서 어떤 실수를 겪었고, 그것으로 무엇을 배웠나요? 앞으로 더 성장하기 위해 어떤 노력을 하면 좋을까요?

입학 시즌과 신학기!
심리적 불안에 공감해요

공감한다는 것은 아이의 속도와 상황을 알아준다는 거예요. 몸이 편안하면 마음도 한결 가벼워질 수 있습니다.

입학 시즌이나 신학기에 새로운 환경에 적응하느라 심리적 부담이 크면 아이들은 몸으로 신호가 나타나기도 합니다. 긴장과 불안이 높아지면 우울감을 느끼거나 배나 머리가 아프기도 하고요. 심리적 요인이 신체 증상으로 나타나는 것입니다.

갑자기 아프다고 하면 "꾀병 아니야? 왜 갑자기 아파?"라며 의심하지 말고 "많이 힘들었나 보구나"라고 마음을 헤아려주세요. "엄마 미워" "싫어" 같은 부정적인 말을 자주 한다면, 이렇게도 생각해보세요. "우리 아들이 힘들다는 마음의 신호를 보내는 것이구나" "우리 딸이 새로운 환경에 적응하느라 긴장하고 힘들었구나"라고 말이지요.

☺ '초기 긴장감'을 많이 느끼는 아이

학원에서 친구 사귀기를 좋아하고 재미있게 생활하는 아이들도 있어요. 하지만 '초기 긴장감'을 유독 많이 느끼는 아이들은 낯선 환경에 적응하는 데 더 오래 걸리지요. 딸은 초등학교 1학년 때 오빠처럼 학원을 다니고 싶다면서 신나게 학원으로 향했어요. 그런데 이게 웬일인가요? 학원 앞에서 제 손을 잡아끌고는 눈물을 글썽이며 말했지요. "다음에 갈래." 배우고 싶다고 해서 막상 가보면 돌아가자니 답답했지요.

그런데 딸이 나중에 나지막이 말했어요. "낯설고 어색한 느낌이 싫어." 그 말을 듣고 아차 싶었어요. 워낙 예민했던 첫째는 오히려 알기 때문에 긴장감에 공감하고 불안감을 해소해주려 노력했지만 큰 불평과 불만이 없었던 딸은 민감하게 살피지 못했던 것이었지요.

낯선 곳에 익숙해지게 하려면 어떡하면 좋을까요?

먼저, 놀러 가는 마음으로 방문해보세요. "오늘 꼭 안 해도 돼. 네가 해보고 싶으면 해도 되고"라는 말로 안심도 시켜주세요. 엄마도 같이 긴장되더라도 편안한 모습을 보여주는 것이 아이에게 안정감을 주는 데 도움이 됩니다. 무조건 참여해야 한다는 부담을 주지 않으려면, 선생님에게 "오늘은 가만히 앉아 구경만 하게 해주세요"라고 말해주세요. 그러면 "아무것도 안 해도 되네. 휴~

다행이다"라고 안심하며 그제야 주변을 둘러보기도 합니다. 흥미를 느낀다 싶으면 "구경해보니까 재미있어 보인다. 넌 어때?"라고 반응을 살펴보세요.

둘째, 선생님에 대해서도 좋은 인상을 심어주세요. "선생님 무서우면 어떡하지?" "친구들도 못 사귀면 어떡해?"와 같이 불안감이 크면 걱정에 걱정이 꼬리를 무는 경우도 있는데요. 걱정은 걱정일 뿐 아무 일도 일어나지 않는다는 것을 '직접 느껴봐야' 비슷한 상황을 만났을 때 긴장감도 덜할 수 있어요. "지난번에 봤던 분이네! 인상도 참 부드러우시네"라며 좋은 인상을 심어주세요.

딸은 초등학교 적응을 마치고 나서야 '학원도 잘 다닐 수 있을 것 같은 자신감'이 좀 생겼는지 여름 무렵에는 "나 학원에 다닐 거야"라는 의지를 보였지요. 그때는 "그래! 그러자"라고 모른 척하고 같이 갔더니 훨씬 씩씩해졌답니다.

셋째, 성공적인 적응경험이 좋은 기억으로 남을 수 있게 이야기해주세요. "거봐~ 너 이렇게 재미있게 다니게 될 줄 몰랐지? 역시 우리 딸!" "적응하는 데 시간은 좀 걸려도 한번 다니면 참 재미있게 다닌단 말이야!" 긍정적인 기억을 자주 소환할수록 도전하는 용기도 생깁니다.

😊 긴장감이 높은 시기에는 학원을 줄여주세요

학교 환경도 낯선데 '학원'까지 많이 바뀌면 긴장이 더 오래가는 경우도 있어요. 그런데 '학습 습관은 초장에 잡아야지' 하는 비장한 마음이 들면서 3월이 시작되자마자, 빠르게는 그전 가을학기부터 학원을 바꾸거나 동시다발로 많이 늘리는 경우도 있습니다. 하지만 아이가 '적응 스트레스'가 크다면 새로운 학원은 많이 늘리지 않고 적어도 다니던 곳은 그냥 두는 것이 좋습니다.

아이에게는 학교 환경도 낯선데 또 새로운 곳을 가야 한다니 부담이 될 수도 있겠죠? 그런데 그런 부담을 "엄마, 학원 안 가면 안 돼요?"라고 말로 표현하는 아이들도 있지만, 소리를 지르거나 화를 자주 낸다거나 하는 형태로 공격적인 모습을 보이는 아이들도 있습니다. 그러다보니 엄마와 아이가 목소리를 높이는 경우도 늘어나는데요. "학원 또 가기 싫다고 하면 친구들이 너 아직 아기라고 흉봐" "엄마, 미워! 엄마는 내 마음 몰라."

학원을 많이 간다는 것은 그만큼 해야 할 학원 숙제도 많아진다는 것을 뜻해요.

피곤한데다 할 일까지 많아 예민해진 아이를 챙기느라 엄마도 같이 힘들고 바빠서 자기도 모르게 불안감을 조장하는 말을 하는 경우도 많습니다. "엄마도 너 챙기느라 힘들어 죽겠어. 너만 힘든 게 아니야!" 쉽지는 않지만 적어도 입학 시즌이나 신학기에는 두 마음을 돌봐야 합니다.

엄마도 아이의 달라진 숙제며 준비물에 아이의 새로운 친구와 학부모들까지 새로운 환경에 적응하느라 긴장하면 마음을 돌보며 조금 여유를 갖고 아이와 함께 조금씩 조금씩 새로운 환경에 적응해보세요.

● 입학 시즌과 신학기에 돌봐야 할 두 가지 마음 ●

아이의 마음	아이가 새로운 환경에 적응하느라 힘들구나.
엄마의 마음	나도 애가 학년이 올라갈수록 아이를 잘 챙기려다보니 바쁘고 예민해지기도 하는구나.

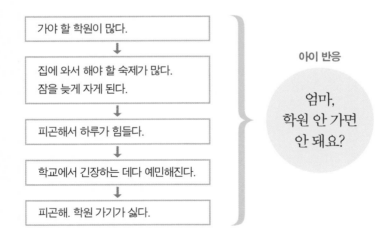

가야 할 학원이 많다.

↓

집에 와서 해야 할 숙제가 많다.
잠을 늦게 자게 된다.

↓

피곤해서 하루가 힘들다.

↓

학교에서 긴장하는 데다 예민해진다.

↓

피곤해. 학원 가기가 싫다.

아이 반응

엄마,
학원 안 가면
안 돼요?

😊 새로운 것을 많이 배울 때는 속도 조절을 해주세요

새로운 환경에 적응하거나 몰랐던 것을 많이 배우게 되면 우리의 뇌는 많은 것을 받아들이느라 에너지를 많이 써서 몸의 피로도도 더 높아집니다. 고학년이 되어 학원을 옮겨야 한다면 이런 점도 고려해보세요. 고학년은 배워야 할 양도 많고 수준도 높아지면서 학원 분위기뿐만 아니라 숙제하는 방식도 적응하는 데 오래 걸리는 경우도 있어요. 이럴 때는 조금씩 예습하며 새로운 내용에 대한 부담을 줄일 수 있게 하는 것도 좋아요.

또, 공부나 시험 스트레스가 너무 높은 곳은 아닌지 살펴보세요. 아주 어려운 시험을 보고 통과해야만 들어갈 수 있거나 선행을 빠르게 한다고 소문이 나면 수준 높은 학원으로 생각해 '저기 꼭 보내야 해'라며 줄부터 서는 경우도 있어요. 하지만 아이의 수준과 정서 상태를 고려하지 않고, '소문난 학원'에 '보내는 것'에만 집중하다 보면 아이의 공부 에너지와 의욕까지도 멀~리 '보내버릴 수' 있습니다.

하지만 시험의 장점도 있어요. 시험은 '내가 뭘 모르는지' 파악하게 하고, 막연히 '나 다 알아'라고 생각했던 것도 '착각'일 수 있다는 사실을 확인하는 작업이기 때문에 시험을 보고 나서 모르는 부분을 다시 공부할 수 있어요. 특히 수학이 어려워지는 고학년일수록 오답노트를 적으면서 내가 뭘 알고 뭘 모르는지 깨닫는 훈련을 하며 '오개념'과 실수를 줄이는 것도 중요합니다. 하지만 아이가 편안하게 적응하고 마음이 편할 때 '좋은 학습 전략'도 빛을 발해 학습 능률이 오를 수 있어요.

그렇다고 아이들을 너무 약한 존재로 보면 과잉보호가 될 수 있어요. 모든 스트레스가 나쁜 영향을 주는 것은 아니에요. 아이들은 불안함을 경험하고 극복해나가며 한걸음 한걸음 성장합니다. 적절한 긴장감은 집중력을 높여주기도 하고 스트레스를 이겨낼 힘을 주기도 해요.

에릭슨은 초등학생 시기를 '근면성'이 발달하는 시기로 보았어요. 이때 조금 힘들어도 노력하면서 숙제와 공부 같은 과업을 잘 수행하고 인정받게 되면 자신감과 성취감을 얻어 좋은 학습 태도와 습관으로 이어질 수 있는데요. 하지만 중요한 것은, 아이가 불안해하거나 스트레스를 많이 받을 때 아이의 '현재' 속도와 '상황'을 고려해야 한다는 것이지요. '머리'보다 '마음'에 집중해야 할 때가 있다는 것, 잊지 마세요.

좋아하는 사람이 있으면 그 사람의 생각과 꿈, 바라보는 세상이 궁금해지지요. 마음과 마음을 나눌 수 있는 책이 친한 친구가 될 수 있게 도와주세요. 지식도 즐겁게 확장할 수 있고 공감능력도 높아질 수 있어요. 등장인물과 동일화를 경험하면 다양한 감정과 마주하고 인물의 상황도 떠올려보며 자기반성도 할수 있고 고학년이 되면 수준 높은 자기성찰도 할 수 있어요. 책으로 사람 마음을 이해하는 눈을 기르고 나아가 세상을 바라보는 시야도 넓힐 수 있어요. 즐겁게 배우는 아이로 키우는 독서습관 기르는 법, 그 비밀의 페이지를 펼쳐볼까요?

6교시

즐겁게 배우는 아이로 키우는 부모의 습관: 독서편

독서로 높이는
'공감능력'

책 속 인물의 마음을 공감해보면 이해심과 배려심이 자랄 수
있습니다.

독서의 대표적인 효과 가운데 하나가 바로 역지사지의 눈을 기를 수 있다는 거예요. 가정에서 하는 '공감독서활동'은 책 속 인물과 교감하고, 처지도 생각해보면서 이해심과 배려심을 기를 수 있어요.

등장인물의 마음 상상하기

아이가 무생물도 자신처럼 생명과 감정이 있다고 생각할 때는 마음으로 들어가 눈높이 대화를 자주 했어요. "비를 맞은 꽃들은 어떤 기분일까?" "나뭇가지에 잎들이 매달려 있는데 태풍이 불

면 나뭇잎의 표정이 어떨까?"

등장인물과 동일화를 경험하면 다양한 감정을 등장인물을 통해 바라보고 마주하게 되지요. 역경을 극복해나가는 과정을 보며 슬픔이 해소되기도 하고, 기쁘고 행복한 기분에 같이 젖어보기도 합니다. 인물이 처한 상황을 생각해보고, 마음을 떠올리는 연습도 해보면 '공감능력'을 높이는 데 도움이 됩니다.

초등학생뿐만 아니라 어른도 그림책 속 인물을 보며 마음의 상처를 치유하기도 하고, 행복감을 느끼기도 하는데요. 그림책은 '대인관계 형성 능력'에 긍정적 영향을 미친다는 연구도 있습니다. 주인공의 상황이 현실에서 벌어지는 일과 비슷해서 감정이입을 더 쉽게 할 수 있고, 그 속에서 자기 모습을 발견하기 쉽다는 것이지요.

등장인물에 공감하면서 '나도 이런 행동을 한 적이 있는데'라며 잘못된 점을 돌아보는 자기반성 단계로 넘어갈 수 있고, 초등학교 고학년 정도 되면 수준 높은 자기성찰을 할 수 있습니다. 이 과정에서 깨닫게 된 내용을 친구를 비롯해 가까운 사람들에게 어떻게 적용할 수 있을지 이야기를 나눠보세요. 감정을 조절하거나 느낀 것을 표현하는 연습을 해보는 것도 공감능력 향상에 도움이 됩니다.

공감을 가로막는 독서 습관

책에 대한 몰입을 방해하는 부모의 습관이 있어요. 바로 '얘가 이해는 하고 읽는 걸까?' 하는 궁금증이 들어 한 페이지 읽고, 또 두 페이지 읽고 기습질문을 하는 거예요. 대개 이런 형태의 질문을 많이 하지요.

기억력 테스트형	지식 습득형
방금 나무가 꽃이랑 왜 친구 하고 싶다고 했지?	비는 어떻게 내리게 된다고 설명해줬지? 이야기해봐.

내용을 잘 이해했는지 아는 것도 물론 중요해요. 하지만 「토끼와 거북이」를 읽고 "경기에서 누가 이겼어?"와 같이 내용을 확인하는 질문을 너무 자주 하면 책 읽는 시간을 온전히 즐기기가 쉽지 않겠지요.

정답이 아니어도 자기 생각과 감정을 말할 수 있게 해주세요. 너무 어려운 질문을 자주 하고 답을 물으면 독서를 '의무적인 공부'로 느끼게 되어 자연스러운 생각 전개와 발전을 가로막을 수 있습니다. 상상력을 확장하며 생각의 성장판이 끊이지 않게 해주세요. 쉬운 책으로 시작해 대화하듯이 자연스럽게 이야기 나눠보세요.

「토끼와 거북이」를 읽은 상황을 예로 들어볼까요? "토끼는 왜 잠을 잤을까?" "가족 중에서 토끼 같은 사람이 있다고 생각하니?" "토끼가 무슨 마음으로 그런 말을 했을까?" 질문의 옷을 입었지만 틀릴 수 있다는 부담 없이 대화할 수 있는 물음입니다. 게으른 토끼의 마음에도 공감해보고, 토끼가 한 말의 의도도 파악해보고, 토끼 같은 가족을 떠올려보면서 어떤 점이 비슷한지 두 인물의 세계로 들어가 공감연습도 해볼 수 있습니다. "그렇게 생각할 수도 있겠다" "엄마는 이런 생각이 들어." 이렇게 엄마 생각도 이야기하면서 말이지요. 공감능력을 높여주는 상상력 그리고 생각하는 힘을 기를 수 있어요.

마음을 키워주는 성장 독서

두뇌만 채우지 않고 마음의 힘까지 고루 키워주는 독서를 하면 건강하게 성장하게 됩니다.

학교 폭력, 왕따… 이런 것들이 무서운 흉악 범죄로 이어지기도 하는데요. 요즘 청소년 범죄가 늘고 있다는 뉴스를 들을 때마다 참 안타깝습니다. 그리고 아이들에게 다른 사람을 공감하고 이해하는 마음을 키워주는 일이 너무나도 중요하다는 생각이 자꾸만 듭니다. 그런 방법 중 하나가 바로 책을 통해 사람의 마음을 이해하고 자기 마음을 성찰하는 것입니다.

😊 초등학교 저학년:
사람에 대한 이해를 넓히는 독서

저학년은 독해력 수준이 높지 않기 때문에 내용이 어렵고 무거운 책보다는 말랑말랑하게 감성을 자극하며 지적 호기심을 이끌어낼 수 있는 책을 접하면 책에 대한 흥미를 잃지 않고 독서습관을 이어갈 수 있습니다. 흥미가 있는 대상을 좋아하면 더 깊이 알고 싶게 되는 것처럼, 책을 좋아하는 마음이 생기면 책 속 '사람들의 이야기'에도 진심으로 관심을 기울일 수 있어요. 특히 사회성이 빠르게 발달하는 초등학생 때 다른 사람들과 관계를 맺으려는 욕구도 커지는데, 이때 사람에 대한 호기심과 관심을 책으로 키워주세요.

친구들과 좋은 관계를 만들 수 있게 우정이나 모험을 다룬 책을 읽고 대화하는 시간을 만들어보세요. 학교생활은 물론 친구들과 관계도 들여다볼 수 있습니다.

인물이 놓인 상황을 보며 "네가 그 사람이었으면 어땠을까?" "너라면 어떻게 행동했을까?"라고 얘기하다 보면 비슷한 문제가 닥쳤을 때 해결의 실마리를 찾을 수 있어요. 또 다른 사람의 내면을 이해하면서 상대 처지에서 생각하는 연습을 하면 등장인물이나 지은이의 생각을 파악하는 능력도 기를 수 있습니다.

초등학교 고학년:
세상을 보는 시선에 깊이를 더하는 성장 독서

비판적인 사고능력이 자라는 고학년 때는 책 속 인물이나 사건에 대해 얘기하다 보면 세상을 바라보는 시선과 생각의 깊이도 따라가 볼 수 있어요. 세상에는 다양한 시각이 있다는 것도 깨달을 수 있고요.

역사를 배우면서 수많은 역사적 사실을 시대 순으로 외우는데 시간을 쏟는 경우가 많은데요. 역사공부는 역사적 사실을 아는 것은 물론 중요한 역사적 교훈을 깨닫고 이것을 현실 문제에 비판적으로 적용하는 힘을 기르기 위해서 합니다. 그런 점을 생각하고 바라본 역사는 과거, 현재, 미래에 이르기까지 더 큰 세상을 보여주는 시간의 창이 되지요.

역사공부를 지루해한다면 흥미로운 사건을 중심으로 공부하거나 특정 인물을 재미있게 표현한 이야기책으로 학습하는 것도 좋습니다. 예를 들어 세종대왕에 관심이 많다면 세종대왕의 일생을 다룬 위인전을 읽어보고, 나아가 한글창제를 중심으로 다룬 이야기책을 읽어보거나 노비 신분이었지만 세종대왕 눈에 들어 과학적 역량을 발휘했던 장영실의 눈으로 바라본 세종 이야기에도 빠져보는 겁니다.

어떤 사건이나 인물에 대한 이해가 깊어지다 보면, 더 깊게 공감하면서 몰입하게 되고 점점 역사가 재미있어지는 경험도 할 수 있습니다.

하지만 아이가 고전이나 역사책을 읽었으면 하는 기대와 달리 만화나 판타지 소설에만 푹 빠져 있으면 부모는 답답할 수 있어요. 그래서 다양한 책으로 관심을 확장해주고 싶어 다른 책을 권할 때 "넌 왜 이런 책만 읽니?"라며 잔소리하면 아이들은 귀를 닫아버립니다. 먼저 그런 책에 관심을 보이며 아이가 좋아하는 마음에 공감해주세요. "읽어보니까 네가 좋아하는 유머 코드가 있네. 그래서 좋아하는구나"라고 말이지요. 그러면 아이는 책에 대한 공감대가 생겼다고 느껴, 엄마가 권하는 책에도 예전보다 더 관심을 둡니다. 또 내 취향을 존중해주는 엄마가 성장소설 『나의 라임 오렌지 나무』 같은 책을 권한다고 할 때, "엄마가 네 나이 때 이 책을 읽다가 펑펑 울었어"라며 의미를 부여하면 새로운 장르라도 관심을 갖고 책을 통해 엄마의 세계로 들어갈 수 있어요. 또 아이가 좋아하는 책이라면 어떤 장르이냐를 떠나 아이가 심리적 안정감을 얻을 수 있다는 장점도 있어요. 역경을 극복한 인물의 감동적인 스토리가 있는 책이라면 인간관계를 비롯한 세상의 면면을 간접 경험 할 수 있고 삶의 교훈도 얻을 수 있어요.

 **꿈으로 향하는 길을 찾게 해주는 독서**

진로에 대한 책을 접하게 하려면 아이와 나이가 비슷한 주인공이 꿈을 찾아가는 이야기가 공감을 이끌 수 있어요. 아이가 로봇에 관심이 있다면 『로봇박사 데니스 홍의 꿈의 설계도』 같은 책으로 데니스 홍이 꿈을 이루는 과정을 접하게 해주세요. 아들이 초등학교 5학년, 딸이 2학년일 때 데니스 홍이 세상에 기여하기 위해 로봇을 만든다는 내용의 강연을 아이들과 같이 들은 다음 그 책을 아이들에게 선물했어요.

아들은 로봇에 대한 관심이 깊어졌고, 로봇에 관심이 많지 않았지만 강연을 들으며 감동받은 딸은 책을 읽고 이런 말을 했어요. "나는 무슨 일을 해서 세상에 도움이 될 수 있을까?" 또 실패와 좌절이 찾아와도 극복할 수 있다는 메시지를 담은 책은 정서적으로 예민해지기 쉬운 사춘기 아이들에게 마음의 힘을 키워줄 수 있어요. 머리만 채우는 독서에서 벗어나 세상을 바라보는 시선에 깊이를 더해주는 대화가 아이를 건강하게 성장하도록 해줍니다.

책을 많이 읽는 아이가
공부도 잘하는 이유

책상에서 하는 공부도 중요하지만 책을 읽으며 세상을 경험하고 지혜로워지는 진짜 공부를 할 수 있습니다.

아들이 4학년이 될 무렵이었어요. 아들과 목욕탕을 다녀온 남편이 신이 나서 이야기했습니다. "고등학생들이 나와서 문제를 풀고 다 맞히면 벨을 울리는 프로그램 알지? 얘가 글쎄 그 문제를 사십 몇 번까지 맞혔다니까. 사람들이 부러운 눈으로 쳐다보는데 정말 으쓱하더라고." 옆에서 그 말을 듣고 기세등등해진 아들이 말했어요. "나는 책으로 공부를 다 하니까 그 정도야 뭐." 책을 많이 읽는 아이가 공부도 잘한다는 이야기를 흔히 하지요. 왜 그럴까요?

책을 많이 본다는 것은 앉아 있는 시간도 길다는 말입니다. 오래 앉아 있지 못하던 아이도 엉덩이 힘을 기를 수 있고 독서로

발휘된 집중력이 공부로 이어질 수 있습니다. 공부할 때 한글, 영어, 수학 등에서 문자나 기호를 많이 읽게 되는데, 이렇듯 문자 노출에 익숙해지면 문자를 읽고 해석하며 익히는 '공부'로 이어지기도 어렵지 않아요. 또 비슷한 주제라도 다른 책으로 여러 번 접하다 보면 내용이 장기기억으로 저장될 수 있습니다. 이것은 중요한 학업 능력이기도 해요.

뇌 분야의 세계적 연구자인 매리언 울프는 '읽기'의 장점을 이렇게 말했어요. "유추 과정, 추론 과정, 공감 과정, 배경지식 처리 과정 사이의 연결을 꾸준히 강화하면 읽기 차원뿐만 아니라 더 많은 차원에서 유리해집니다. (중략) 삶에도 적용되어 자신의 동기와 의도를 구분할 줄 알게 되고, 다른 사람의 생각과 느낌도 더욱 명민하고 지혜롭게 이해하게 됩니다." 그는 또한 공감하는 태도를 키울 뿐만 아니라 전략적 사고에도 도움이 된다고 했어요. 독서에는 또 어떤 장점이 있을까요?

이해력이 높아져요

독서를 꾸준히 할 때 두드러지는 능력 중 하나가 '어휘력'입니다. 어휘력은 말을 들을 때 이해하는 능력과도 관계가 깊어요. 수업을 대부분 말로 하기 때문에 어휘를 많이 알아야 선생님 말씀도 이해하기 쉽습니다. 3학년 정도만 되어도 교과서와 일상의 대화만으로는 수준 높은 어휘력으로 확장하기가 어려운데, 다양한 분야의 읽을거리를 활용하는 것이 도움이 됩니다.

『하루 15분, 책 읽어주기의 힘』에서는 일상생활에서 자주 사용하는 5천 단어를 기본어휘라고 하는데요. 평소 대화에서 80% 이상은 1천 단어 정도만 사용한다고 해요. 가끔 사용하는 다른 5천 단어를 합친 1만 단어를 '공통어휘'라 하고 그밖의 단어는 '희귀단어'라고 하는데, 희귀단어를 얼마나 많이 쓰느냐가 어휘력의 차이라고도 볼 수 있다고 합니다.

예를 들어 어른이 네 살짜리 아이와 대화할 때 1천 단어당 희귀단어를 9개 사용하는데 아동도서에는 세 배, 신문에는 일곱 배가 쓰인다고 하니, 책이나 신문을 읽는 것이 어휘력을 높이는 데 큰 도움이 되겠지요. 이뿐만 아니라 잡지, 만화 같은 인쇄물도 어휘력을 확장하는 데 도움이 됩니다. 다양한 읽을거리에서 얻은 배경지식은 사고의 재료가 되는 만큼 사고력도 높아질 수 있어요.

초등 3학년 정도 되면 친구에 대한 관심을 넘어 자신 밖의 세상으로도 관심을 확장합니다. 배경지식에는 책을 읽으면서 알게 된 지식뿐만 아니라 생활 속에서 직접 경험하며 알게 된 것도 포함되지요. 아이가 경험한 것과 관련 있는 내용이 담긴 어린이 신문부터 조금씩 신문 읽기를 시작하면 어휘력을 한 단계 더 높일 수 있습니다. '국어를 못 해서 수학이 어렵다'는 말을 들어보았을 거예요. 국어뿐만 아니라 수학을 잘하는 데도 독서의 힘이 작용하기 때문입니다. 수학도 문제라는 '문장'과 그 속의 '어휘'를 이해하고 답을 추론하는 부분이 많습니다.

경험의 힘, 온몸으로 배우는 독서

아이들은 경험하면 더 넓고 깊게 이해할 수 있어요. 또, "저 사람 박물관에서 봤는데…"처럼 아이가 경험한 것과 관련된 내용을 책으로 접하면 훨씬 친근하게 받아들일 수 있어요.

인지발달을 연구한 학자 피아제는 '스키마'가 발달하면서 인지도 발달한다고 했어요. 스키마는 기억 속에 저장된 모든 지식을 말하는데, 아이들은 새로운 경험을 할 때 자신이 가지고 있는 '스키마'로 경험을 이해하려고 합니다. 새로운 정보를 접했을 때 그것에 기초해 지식을 얻기도 하고, 어떤 정보를 받아들일지 선택하기도 하는 것이지요. '독서'와 '경험'이 함께 이루어지면 인지발달에 도움이 됩니다.

예를 들어 책으로만 '곤충의 한살이'를 접한 아이와 책으로 접한 뒤 곤충박물관에서 애벌레가 허물을 벗고 탈피하는 과정을 눈으로 직접 본 아이는 나비의 '변태' 과정에 대한 이해도도 다를 수 있겠지요. 또 책에서 본 북극곰은 얼굴도 동그랗고 귀여운 모습이었는데, 몸집이 생각보다 큰데다 입을 벌리는 모습을 보고는 '너무 크고 무서워'라고 생각할 수도 있어요. 아이들은 끊임없이 경험하고 자신이 생각했던 것과 다르면 스키마에 대한 '조정'을 거치면서 이해력과 인지가 함께 발달합니다.

자연을 소재로 한 책을 읽었다면 밖으로 나가서 "꽃이 봄에 많이 피는 이유가 뭘까?" "왜 소나무 잎은 뾰족할까?" 질문해보세요. 질문하는 건 두뇌를 회전시키고 있다는 증거라는 말도 있어요. 꼭 정확한 답을 구하려는 것은 아니에요. 다만 궁금증을 해소하는 과정에서 더 많이 관심을 갖게 되고, 바라보게 되고, 느끼게 되면 자연을 관찰하기만 하던 아이가 참여자가 될 수 있습니다. 그러면서 호기심과 관찰력도 높아지겠지요.

독서는 세상을 공부하는 것

기술은 아무리 발달해도 사람을 위해 존재할 뿐이고, 기존에 없던 새로운 것을 만드는 상상력도 사람을 위해 존재합니다. 그래서 중요한 것이 바로 '인문학적 사고'예요. 인문학은 '사람이 살아가는 법' '사람이 살아가는 삶의 무늬'라고도 할 수 있어요.

또한 수천 년을 지나오며 수많은 사람의 생각과 경험, 역사를 통해 지혜를 전하고 세상을 바라보는 우리 시선에 깊이를 더하는 학문이기도 합니다.

인문학적 사고와 감각이 발달한 사람의 특징은 무엇일까요? 사람에 대한 호기심, 창의적 사고, 공감능력이 높아요. 등장인물의 행동이나 삶을 통해 자기 아픔을 객관적으로 보는 힘이 생겨 '통찰력'이 길러지고, 사람을 이해하고 마음을 움직이는 방법도 알게 됩니다. 책에서 지식만 쫓지 말고 몇 줄을 읽더라도 무엇을 느꼈는지 생각할 수 있게 해주세요. 10권을 읽고 달달 외웠어도 어떤 생각을 하게 되었는지 되새기지 않으면 의미가 반감됩니다.

미래 사회는 많이 아는 것보다 필요한 것을 찾아내고 정보를 상황에 맞게 다루고 창의적으로 만드는 능력이 중요해진다고 합니다. 그 과정에서 미래역량으로 강조되는 '문제해결력'도 높일 수 있어요. 책상에서 하는 공부도 중요하지만 책을 통해 세상을 경험하고 지혜로워지는 것이 진짜 공부 아닐까요?

책에 대한 '긍정적인 경험과 기억'이 쌓일수록 책과 가까워질
수 있습니다.

아들이 4학년이 될 무렵이었어요. 제가 열감기에 걸려 밤새 잠을
이루지 못했는데, 아들과 이런 대화를 했던 기억이 납니다.

"엄마, 책 읽을래?"

"아휴, 아픈데 무슨 책?"

"책 읽으면 아픈 걸 잊을 수 있잖아."

아들의 못 말리는 책 사랑을 또 한 번 느낄 수 있었습니다. 어
떻하면 책과 절친이 될 수 있을까요?

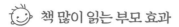 **책 많이 읽는 부모 효과**

"책을 좋아하는 아이로 키우려면 부모가 먼저 책 읽는 모습을 보여주세요." 전문가들이 자주 하는 말입니다. 막연하게 들리기도 하고 다독해야 할 것 같은 부담이 느껴지기도 하지요. 이를 이런 말로 해석하면 어떨까요? "책을 좋아하는 아이로 키우려면 부모가 먼저 책에 관심을 보여주세요."

2017년 미국 하버드대학교 유아교육과 연구팀은 6세 아이를 대상으로 진행한 연구에서 '머릿속에 책을 좋아하는 엄마의 이미지가 들어 있는 아이들이 책에 거부감이 없었다'고 발표했어요. 우리는 책상 앞에서 책을 펼쳐야만 공부를 한다고 여길 때가 많지만, 아이들은 부모를 모방하며 자랍니다. 부모가 책에 관심을 가지고 읽는 모습이 아이에게 '책'에 대한 긍정적 이미지를 심어줄 수 있다는 말이지요.

부모의 관심사가 책을 매개로 이어졌던 사례가 있어요. 투자의 귀재이자 기부왕인 워런 버핏은 어린 시절 아버지 서재에서 '투자를 위한 평가 보고서'를 읽은 일을 계기로 돈에 대한 관심과 감각을 키웠다고 합니다.

☺ 책으로 '공통의 관심사'를 만들어보세요

고학년이 되면 자아정체성을 형성하는 과정에서 자기 이상과 맞지 않는 부모 모습에 적대감을 보이는 경우도 있어요. 그래서 자신들은 책을 읽지 않으면서 "책 좀 읽어라" 하는 부모 말이 와닿지 않을 수도 있지요. 하지만 부모의 말과 태도에 공감할 수 있게 '삶'으로 보여주면 부모 모습을 존중하고 따르고 싶게 하는 '권위'도 생기지요. 어린 시절에 읽은 책을 권하거나 아이 책을 미리 읽어본 뒤 같이 읽고 대화를 나눠보면 공통의 관심사도 생길 수 있어요.

몇 년 전 수능시험에서 만점을 맞은 이혜원 학생을 인터뷰한 적이 있어요. 혜원 학생은 초등학생 때부터 엄마와 도서관에 자주 가서 읽고 싶은 책을 빌려오고 서점에도 자주 갔다고 합니다. 부모님과 책에 대한 대화를 많이 한 것이 대입 준비로 자칫 독서와 멀어질 수 있는 고등학생 때도 책을 손에서 놓지 않은 비결 중 하나였다고 해요.

"부모님이 먼저 읽고 추천해주신 책은 어떤 점을 부모님이 좋아하셨는지 궁금해서 더 적극적으로 읽으며 작가나 작품에 깊이 빠질 수 있었어요. 공통의 관심사가 있으니 대화할 거리가 많아 관계도 친밀해져 좋았어요."

독서광으로 알려진 링컨 이야기도 살펴볼까요? 링컨의 새어머니 사라는 좋은 책을 읽고 나서 아들에게도 권했어요. 형편이 좋지 않아 책을 많이 사주지는 못했지만 어머니가 먼저 읽고 추천하거나 유명한 책을 읽게 해주며 '독서'에 대한 관심을 공유하고 책을 가까이할 수 있게 도와주었지요. 링컨은 이때 문고판으로 『이솝우화』, 『로빈슨 크루소』, 『천로역정』, 『신밧드의 모험』 같은 책들을 읽었는데, 정규교육도 제대로 받지 못해 독서로 독학한 링컨은 마음에 드는 책은 꼭꼭 씹어 소화하듯 외워 온전히 자기 것으로 만들었다고 해요.

아이에게도 책을 추천받아보세요. "어떤 책을 읽으면 좋을지 네가 추천해줄래?" "네가 좋아하는 책이면 엄마도 재미있을 것 같아." 아이는 좋아하는 책 중에서도 소중히 여기는 책을 건네줄 때가 많아요. 부모에게 뭔가를 해줬다는 뿌듯한 마음이 쌓이는 경험도 책에 대한 좋은 기억을 가질 수 있게 합니다.

🙂 관심 스위치가 켜지는 책! 어렵지 않은 책으로!

체할 수 있는 음식을 많이 먹으라고 권하면 괴로운 것처럼 독서도 그럴 수 있어요. 책과 친숙해지기도 전에 '양 중심'으로 목표를 세우고 접하다 보면 독서를 즐기기 쉽지 않아요. 아이의 관심 스위치가 켜지는 책으로 천천히 독서의 세계로 초대해보세요.

책을 읽다 보면 주인공이 나와 비슷한 상황에 있을 때 그의 말과 행동에 더 공감하게 됩니다. 친구와 다투어 속상한 날에는 친구와 화해하는 아이가 나오는 책을 읽으면 더 귀 기울이고 공감할 수 있습니다.

독서에 대한 관심을 넓혀주고 싶을 때 아이의 '관심 스위치'를 누르는 일부터 시작해보세요. 아이가 한 주제에만 푹 빠져 있다면 같은 주제를 다룬 책에서 비슷한 주제가 담긴 책으로, 비슷한 배경이 나오는 책이나 등장인물이 비슷한 이야기로 읽기 범위를 조금씩 넓혀보세요.

아이가 추리소설에만 빠져 있어 다른 책으로 관심을 넓혀주고 싶을 때는 먼저 흥미나 호기심을 자극할 만한 책을 찾아서 보여주세요. 예를 들어 평소 아이가 관심을 많이 보이는 '탐정'이 표지에 있는 과학책이라면 아이 눈길을 사로잡을 수 있고 과학책도 펼쳐볼 수 있겠지요.

호기심과 기쁨, 즐거움 같은 감정은 외부 세계를 탐구하고 싶은 열정을 불어넣어줍니다. 아이가 어디에서 눈을 반짝이는지 살펴보고 다른 책에서도 발견하게 해주세요.

또 아이가 이해하기에는 수준이 너무 높은 책을 자주 접하다 보면 많이 읽는 것처럼 보여도 눈으로 대충 읽고 마는 경우도 있습니다. 특히 저학년은 고학년보다 주의가 분산되기 쉬운데다 읽기가 서툰 아이들은 글을 읽는 속도도 느리기 때문에 양으로 접근하면 재미를 느낄 겨를이 없습니다.

하지만 엄마들이 "우리 아이는 글을 잘 읽는데요?"라며 자꾸 어려운 책을 골라주는 경우도 있어요. 글을 '잘 읽는'다 해도 '이해를 잘하는 것'과는 차이가 있습니다. '읽는다'는 것은 '눈으로 보고' 글을 '소리 내어 말할 수 있는 것'을 넘어 글에 담긴 지식과 정보, 의미를 이해하는 '독해력'이 있는 것을 말합니다. 나아가 '분석'하고 '비판'하고 '수용'해서 '적용'하는 능력을 말합니다.

아이마다 이해하는 속도가 제각각이기 때문에 고학년도 읽기 능력이 부족하다면, 연령별 추천 독서에 따라 책을 권하기보다 아이 수준에 맞거나 조금 쉬운 것을 부담 없이 읽으면서 자꾸 책에 손이 가게 해주세요. 책에 흥미를 느끼면 호기심이 생겨 자발적으로 읽으려는 마음으로 이어질 수 있어요.

책이 있는 곳에서 즐거운 기억을 만들어요

아이들은 즐거운 기억이 있으면 또 해보고 싶다는 생각에 적극적으로 참여하고 재미있으면 눈을 못 뗍니다. 나들이 가듯 편안하게 도서관에 가보세요. 도서관 구경도 하고, 간식도 사먹고, 무료로 상영하는 영화도 보고, 도서관에서 하는 무료 프로그램도

체험해보세요.

미술, 북아트, 역사 배우기, 과학책 읽고 호기심 키우기, 저자와 만남, 애니메이션 수업까지 흥미와 관심에 맞는 프로그램을 접하면 도서관은 즐거운 체험 공간으로 느껴집니다. 책은 한두 권 정도만 빌려도 좋고, 둘러보기만 해도 '책이 있는 공간'이 친근해지면 책과도 친해지는 계기가 될 수 있어요.

사람 사이에 호감이 생기는 요소가 있어요. 대표적인 것이 취미나 흥미, 관심이 비슷한 '유사성'이 있거나 '근접성'이 좋은 경우지요. 사는 곳이 가깝거나 자주 보게 되면 편안해지면서 호감이 생길 수 있습니다. 친구뿐만 아니라 책과 친해질 때도 마찬가지예요. 즐거운 마음으로 자주 접하게 해주세요.

한 엄마는 그림을 좋아하는 아이와 미술관에 갔다가 영감을 받아 집 안을 미술관으로 만들었다고 해요. 책 표지에 멋진 예술 작품이나 아름다운 동화 속 장면이 그려진 것을 그림처럼 펼쳐 꾸민 것입니다. 아이가 책을 좋아할 수밖에 없었겠지요.

친구를 사귈 때도 처음에는 조금 낯설지만 자주 만나고 관심을 가지게 되면 더 궁금해지고, 그러면서 언제든 편안하게 손을 내밀 수 있는 단짝이 되는 것처럼, 책도 아이의 관심과 호기심 그리고 마음을 건드려주는 긍정적인 경험이 많을수록 소중한 존재가 될 수 있습니다.

아이를 키우다 보면 행복하면서도 하루에 몇 번씩 감정의 롤러 코스터를 타는 듯 불안해질 때가 있어요. 그런 '불안'을 아이에게 비난이나 화로 쏟아내다 후회하고 자책하는 일을 반복하고 있나요? 그렇다면 부모인 내 감정을 돌보는 시간도 만들어보세요. 불안하고 힘든 마음이 찾아온 이유를 들여다보면서 "난 잘하고 있어"라고 따뜻하게 다독여주세요. 나 자신을 더 깊이 이해하고 사랑할수록 아이도 더 따뜻하게 바라볼 수 있어요. 나를 위한 소중한 선물, 내 감정을 돌보는 공감연습, 함께해볼까요?

7교시

부모인
내 감정 돌보는
셀프 공감법

걱정과 불안이
아이에게 미치는 영향

부모의 불안과 걱정은 아이에게 전해져요. 부정적인 생각 습관을 긍정적으로 전환하면 아이도 웃는 날이 훨씬 많아질 겁니다.

아이는 배 속에서부터 엄마의 감정을 공유합니다. 그래서 부모는 느끼지 못하더라도 아이는 평소와 다른 부모의 눈빛, 행동, 말투까지 알아채고 영향을 받아요. 아이가 자랄 때도 마찬가지예요. 적당한 걱정은 육아 방향을 잘 잡아나가는 데 동기부여가 되기도 하지만 지나친 걱정은 불안감만 키울 수 있어요.

불안이 상상력과 만나 증폭된 것이 걱정입니다. 걱정을 많이 하면 먼저 몸이 딱딱하게 굳고 이성적인 판단을 제대로 하지 못하게 됩니다. 또 우리가 해야 할 일들을 가로막아 행동하지 못하게 됩니다. 그렇다면 부모의 걱정과 불안이 지나칠 때 아이에게 어떤 영향을 미치게 될까요?

😊 걱정과 불안 속 진짜 마음

완벽주의와 집착이 심할수록 걱정도 많다고 해요. '이것보다는 더 잘해야지'라며 기대를 높이 잡아 불안해하거나 일어나지 않을 걱정까지 하는 경우도 있어요. 하지만 불안과 걱정에서 멀어지고 싶다면, 그런 마음이 들었던 진짜 이유를 생각해보세요.

'공부를 잘했으면 하는 바람 때문에 걱정되는구나'라고 내 마음을 알아차려야 해요. 그래야 그런 마음이 찾아왔던 이유를 생각해보면서 위안을 받을 수 있어요. 비난도 자세히 들여다보면 내 과거에서 오는 것일 수 있어요. "넌 공부도 못 하고 앞으로 뭐가 되려고 그러니?"라고 비난했다면 예전 내 모습을 떠올려보세요. 공부를 못 해서 자존감이 낮았던 내 모습, 발표할 때 늘 작게만 느껴졌던 소심했던 내 모습이 떠올라서 그러지는 않았는지 말이에요. 아이에 대한 비난이 나를 향한 목소리는 아닌지도 생각해보세요.

● 걱정과 불안 속 진짜 마음 찾기 ●

아이의 현재 모습에 대한 생각	확대해서 걱정하기	알아차려야 할 마음
우리 애는 밥을 잘 안 먹어.	키가 잘 안 클 거야. →	키가 컸으면 하는 기대 때문에 불안하구나.
배우는 속도가 한참 느려.	공부는 잘 못할 거야.	공부를 잘했으면 하는 기대가 커서 걱정되는구나.

우리의 말 속 걱정지수 살펴보기

아이들의 귀는 아주 밝습니다. 엄마, 아빠가 대화할 때 안 듣는 것 같아도 귀를 쫑긋 세우고 있을 때가 많아요. "우리 딸, 키가 작아서 큰일이네" "쟤는 저렇게 숫자 감각이 없어 어떡해?" 이렇게 자기 이야기가 들린다 싶으면 아이는 대화에 더 집중합니다.

그런데 걱정이 지나칠 때 우리의 표정과 눈빛이 아이에게는 어떻게 비칠까요? 아이는 세상에서 어떤 위치에 있고 능력이 어느 정도인지 잘 몰라서 다른 사람이 하는 말로 자기평가를 하기 때문에 부모의 한숨이나 걱정을 그냥 넘기지 않을 수도 있어요.

엄마가 "우리 애는 너무 소심해요. 다른 애들은 발표한다고 앞에 나가는데 혼자 안 나가고 앉아 있어요. 왜 얘만 그런지 모르겠어요"라며 한숨을 푹푹 쉰다면 그 말을 들은 아이는 자신을 어떻게 바라볼까요? '난 소심한 아이야' '나만 이상한 아이야'라는 생각을 하게 될 수도 있겠지요. 우리의 걱정지수는 얼마인가요?

불안감을 키우는 생각 습관

부모의 걱정과 불안은 부정적인 생각 습관이 되어 부정적인 말을 자주 하게 만듭니다. 가령, 자전거를 타다 고장낸 아이에게 이렇게 말합니다. "웬일로 잘 탄다 싶었어. 너는 뭘 사주질 말아야 해." 또 아이는 시험을 망쳐 속상한데 부모는 "뭘 해도 잘하는 것을 한 번도 못 봤어"라며 비난을 쏟아냅니다.

이러면 '부모의 두려움과 근심 → 아이의 불안 → 부정적인 암시(잘 안 될 거야) → 실패와 좌절(역시 난 잘 못해. 이럴 줄 알았어)'이 악순환할 수 있어요. 불안을 키우는 말과 생각에는 어떤 것들이 있을까요?

 **부모의 불안이 더 큰 불안을 불러와요**

초등학교에 입학하는 날 "우리 딸, 잘할 수 있어!" 하며 파이팅을 외치는 엄마와 "잘 있을 수 있겠니? 무서우면 선생님께 엄마 불러달라고 해" 하며 아이가 두려워할 거라 예상해 불안감을 꽉 꽉 전하는 엄마. 여러분은 어느 쪽인가요? 후자인 경우, 아이는 선생님의 첫 느낌이 좋아서 들떠 있다가 불안해하는 엄마의 표정과 말투를 보고는 이렇게 생각할 수 있어요. '아, 엄마가 집에 가고 나면 무섭겠구나.' 그리고 "안 돼. 엄마, 가지 마" 하며 울음을 터뜨리기도 합니다.

이는 부모의 불안이 아이에게 더 큰 불안을 주는 것입니다. 아이가 뭔가 새롭게 배울 때 부모가 "너무 어렵지 않을까" 하고, 아이가 새 친구를 사귈 때도 부모가 "저애는 너무 거친 것 같지 않

● **아이의 불안감을 키우는 말 습관** ●

• 너 학교 늦으면 선생님이 싫어하신다.(선생님에 대한 두려움 형성)

• 너 추운데 옷 두껍게 안 입어서 열나잖아. 그러다 독감 걸린다.(이미 일어난 일에 대해 불안감 조성)

• 너 자꾸 더 놀고 간다고 떼쓰면 엄마는 너를 여기 두고 갈 거야.(앞으로 일어날 일에 대한 두려움 조성)

• 너 때문에 힘들어 죽겠어. 엄마 좀 그만 괴롭혀.(나를 사랑하지 않을지도 모른다는 불안감과 나는 나쁜 아이라는 죄책감 조성)

아?" 같은 말을 무의식적으로 툭 던질 수 있는데, 이때 아이는 유심히 듣고는 불안해할 수 있어요.

우리는 어떤 불안감을 아이에게 전달하고 있나요?

🙂 부정적인 생각 습관에서 벗어나기

부정적인 생각 습관은 꼬리에 꼬리를 물어 확대해석하게 되고, 급기야 사실로 생각하며 더 큰 불안을 불러오기도 합니다. 예를 들어 초등학생인 아이가 시험을 잘 못 봤다면 "대학 갈 때까지 성적이 계속 저러면 어떡하지?" 하고 걱정합니다. 또 형편이 좋지 못해 아이를 여러 학원에 보내지 못하는 사실을 비관하며 '우리 딸이 나중에 왜 좋은 학원 안 보냈냐고, 다른 아이들처럼 많이 가르치지 않았냐고 나를 원망할 거야'라는 생각으로 확대해석하기도 합니다. 하나를 보면 열을 안다는 생각으로 "난 절대 좋은 엄마는 못 될 거야" 하며 자신을 지나치게 괴롭히기도 하고, 걱정을 곱씹거나 실패를 자꾸 되새기는 경우도 있어요.

생각은 말이 되어 나오지요. 말을 하는 대로 생각이 따라오기도 하고요. 긍정적인 생각을 하는 게 당장 힘들다면, 의식적으로라도 긍정적인 말을 자주 하며 생각을 전환해보세요. 부정적인 생각은 관성과도 같아서 하면 할수록 머리를 가득 채웁니다. 불안하다는 것은 그만큼 지키고 싶은 소중한 존재가 있다는 것이기도 합니다. 그런 부모 자신을 이해하는 시간도 가져보세요.

평소 습관처럼 "너무 힘들다" "정말 죽겠다"는 말을 자주 하지는 않나요? 너무 힘들고 지칠 때는 쉽지는 않지만 조금이라도 일을 줄이고 30분이라도 눈을 붙여보세요. 몸이 덜 피곤하고 힘들지 않아야 생각에도 활력이 생깁니다. 아이뿐만 아니라 부모도 한 해 두 해 지나면서 성장해요. 부모도 작은 성취감을 자주 느끼면서 '나 아이 잘 키우고 있어' '이만하면 좋은 엄마야'라고 믿으며 '양육효능감'을 높여야 해요. 긍정적인 생각을 자주 할수록 양육 스트레스는 줄고 행복감은 높아집니다.

● 불안할 때 생각해보기 ●

1. 내 불안의 원인을 곰곰이 생각해봐요.
2. 걱정과 불안은 실제로 일어나지 않는 것도 많다는 점을 되새겨요.
3. 아이가 사랑스럽고 소중해서 불안할 때도 있다는 것을 생각해보세요.
4. 죄책감은 더 큰 불안과 걱정을 불러올 수 있어요.
5. 너무 잘하려고 하면 기준이 높아져 불안해질 수 있어요. 지나친 완벽주의에서 벗어나려고 노력해요.
6. 불안해한다고 상황이 달라지지 않는다는 것을 깨달아요.
7. 아이는 더 나아지는 방향으로 성장해나간다는 것을 믿어요.
8. 지금 이 순간 아이를 사랑하는 일이 가장 최선이라는 것을 잊지 마세요.

계속 화를 낸다면?
힘든 부모 마음도 들여다봐요

자꾸 화를 내나요? 감정이 신호를 보낼 때는 그 이유에 귀를 기울이면 덜 화내는 부모가 될 수 있습니다.

아이와 함께 살아가는 하루가 행복하기도 하지만 몸은 천근만근, 신경 쓸 것은 또 왜 이리 많은지, 세상에서 가장 힘든 직업이 '엄마'라는 말도 과장은 아닌 듯합니다. 그러다보니 세상은 그대로 인데 내 마음 상태에 따라 세상이 다르게 보일 때도 많습니다. 힘든 마음에 하루에도 몇 번씩 감정의 롤러코스터를 타다보니 아이들에게 쏟는 감정도 위태로울 때가 많아요. 하지만 이것을 기억하세요.

모든 감정은 자연스러운 것입니다. 어떤 감정이 온 데에는 이유가 있어요. 그것이 나쁜 감정이라고 느껴지더라도 "엄마인데 이런 마음이 생기면 안 되지"라면서 자책하지 마세요. 그 감정이 무엇을 말하는지 들여다보면, 우리를 이해하거나 쌓인 감정을 풀어내기도 한결 쉽습니다.

화가 나는 것이 늘 나쁜 것만은 아니에요. 우리에게 어떤 말을 하고 싶은지 들여다보면, 긍정적인 감정으로 전환할 방법도 찾을 수 있게 되니까요. 하지만 화는 부정적인 감정이라 무조건 억누르려 하면 압력밥솥처럼 뜨거워지다 '펑' 하고 터져 나올 수도 있어요. 어떡하면 마음의 신호에 귀 기울일 수 있을까요?

마음의 신호에 귀 기울여야 하는 이유

같은 상황에서 화를 냈다가 허용했다가 하면서 일관성 없이 아이를 대할 때가 있지요.

평온한 상태

"방을 어질러놨네. 같이 치우자."

몸이 힘들거나 예민한 상황

"방을 왜 이렇게 어질러놨어? (버럭 하며) 넌 방 하나도 못 치우고 할 줄 아는 게 뭐냐?"

아이는 같은 상황에서 다르게 반응하는 부모를 보며 혼란스럽고 꾸중을 들으니 억울하기도 하겠지요. 자꾸 화를 낸다면 감정이 신호를 보내는 이유를 들여다보세요. 아이가 보이는 행동에, 말에, 울음에 내 감정의 무언가가 자극을 받으면 화가 나지요. 내몸과 마음이 너무 지치고 힘들어 보내는 신호일 수도 있어요. 그럴 때는 "내가 너무 지쳐서 힘들구나" "마음이 불안하니까 계속 화가 나는구나"라고 알아차려야 합니다.

화뿐만 아닙니다. 실망감, 수치심, 두려움, 짜증 같은 부정적인 감정이 찾아온 데도 이유가 있어요. 특히, 아이를 키우면서 생기는 화는 아이를 사랑하는 마음 때문인 경우도 많아요. "내가 곁에 많이 있어주지 못해 아이가 힘든 것은 아닐까?" 싶어서 불안하고, "내가 실수해서 아픈 건 아닐까?" 싶어서 두려움을 느끼기도 해요. 아이가 잘못된 길로 가는 것 같을 때는 "내가 잘못 가르쳐서 그런 것은 아닐까?" 하는 죄책감과 후회가 몰려올 때도 있어요.

슬픔은 왜 찾아올까요? 슬픔이 온 이유는 외로워서일 수도 있고 힘들거나 괴로워서일 수도 있어요. 왜 내가 슬픈지 가만히 생각해보면서 감정을 마주하고 인정해주세요. '너무 외로워서 슬픈 것 같네' '너무 힘들더니 좌절감까지 드네'라고 마주해야 힘든 나를 돌볼 수 있어요.

☺ 온전히 나에게 집중하는 시간 가지기

아이에게 온 신경을 쏟다 보면 정작 자신에게는 집중하기가 쉽지 않습니다. 눈 뜨자마자 아침밥 차리고 밤에 잠자리에 누울 때까지 정신없이 보내다 보면 가끔 "내가 밥을 먹었나, 안 먹었나?" 가물가물할 때도 있어요. 아이가 가벼운 감기에 걸린 것은 귀신같이 감지해도 정작 내 몸이 보내는 신호를 느끼기는 쉽지 않습니다. 왜 그럴까요? 끝없는 집안일 때문에 몰려오는 피로감, 피로를 떨치려 마시는 커피의 카페인, 아이들 스케줄로 복잡해진 머리. 몸과 정신이 편안하고 맑아야 섬세한 신호와 변화도 감지할 수 있습니다.

너무 지쳤다면 화가 분노가 되어 폭발할 때까지 점점 수위가 높아지는 감정의 온도를 느끼지 못할 때가 많습니다. 갑자기 화가 끓어올라 아이에게 "그만하랬지!"라며 소리를 질렀다고 해볼까요? 그런데 알고 보면 '갑자기' 화가 폭발하는 게 아닐 때도 많습니다. 징조는 있었고 우리 몸은 신호를 보냈지만 단지 느끼지 못했을 뿐이지요.

아이도 중요하지만 온전히 내게 집중하는 것도 중요합니다. 그래야 내 감정이 보내는 신호들을 알아차릴 수 있어요. 몸 컨디션, 심장 두근거림, 아주 작은 호흡 소리까지 나에게 집중하려면 할수록 내 안의 감정 온도도, 작은 변화도 더 섬세하게 느낄 수 있습니다. 몸이 피곤한데? → 쉬어야겠다. 너무 긴장했나? → 산책이라도 해야지. 머리가 복잡해! → 드라마 보며 머리를 비워야지. 부모의 힘든 마음의 온도도 짚어보며 짧더라도 선물 같은 휴식을 꼭 가져보세요.

● 내 몸의 신호를 파악하고 휴식하기 ●

몸이 피곤하네.	30분만 눕자.
오늘 너무 긴장되네.	따뜻한 차라도 마시면서 긴장을 풀자.
자꾸 화가 나네.	많이 예민해졌나봐. 바람 좀 쐬자.

● 지치고 힘든 나를 위한 힐링법 생각해보기 ●

1. 나는 (   )할 때 기분이 좋아져.
2. 나는 (   )를 먹을 때 행복해.
3. 나는 피곤할 때 (   )하면 피로가 풀려.
4. 나는 스트레스받을 때 (   )하면 금세 잊어.
5. 나는 답답할 때 (   )와 대화하면 속이 시원해져.

감정을 다룰 줄 아는 부모 되기

후회할 말을 덜 하고 싶다면 감정의 폭풍이 조금 가라앉은 후 대화를 하세요.

영주 엄마는 영주가 다니는 학원의 선생님에게서 전화를 받았습니다. "영주가 숙제를 너무 안 하네요. 관리 좀 해주세요." 그러자 민망함에 얼굴이 화끈거려 "너, 또 숙제 안 했어?"라며 영주에게 불같이 화를 냈지요. 하지만 화만 쏟아낸다고 해서 문제가 해결될까요?

이럴 때는 '화'가 난 이유를 알아차리고 그 감정 속에서 내 기대와 욕구를 찾아보는 것이 도움이 됩니다. 가만히 생각해보니 이달에만 비슷한 전화를 세 번이나 받았습니다. 그래서 선생님이 아이를 지적하는 말이 자신을 꾸짖는 것 같아 부끄러웠던 것입니다. 그리고 숙제가 다 안 된 상황을 이제야 알게 되어 '진작 확인 좀 할 걸'이라는 후회도 되었습니다. 영주 엄마는 같은 상황 때문에 다시는 화를 내지 않으려고 문제를 해결하기로 했습니다. 아이가 숙제하는 것을 곁에서 도와주며 숙제를 마쳤지요.

화를 내게 된 이유가 자신에게도 있다는 생각을 하니, 화가 났던 감정도 금세 가라앉았습니다. 아이가 혼자 하기에는 문제가 꽤 어렵다는 것을 엄마도 알기 때문입니다. 그래서 엄마는 아이에게 사과도 했어요.

"엄마가 많이 화내서 미안해. 문제가 아주 어려운 거 아니까 혼자 못 풀겠으면 엄마한테 도와달라고 해."

이처럼 우리가 '왜 화가 나는지'를 생각해보면 화를 덜 낼 수도 있고 빨리 풀리기도 합니다. 화가 나는 이유를 없애버릴 수도 있지요. 어떡하면 될까요?

☺ 핵심감정을 찾아봐요

감정을 다루기 위해 중요한 것은 옷 안의 맨살과도 같은 화의 '핵심감정'을 살펴보는 것입니다. 화라는 옷을 입었지만 실제로는 걱정, 불안, 초조함, 수치심, 서운함 같은 감정을 느꼈고, 그 감정을 잘 들여다보지 못해 습관처럼 화를 내지는 않았는지 생각해보세요. 해결되지 않은 문제 때문이라면 그 문제를 해결할 때

열등감	불안	슬픔	수치심
무기력	공포	그리움	두려움
후회	적개심	외로움	질투

화가 덜 날 수도 있어요.

핵심감정은 여러 개일 수도 있고 변할 수도 있습니다. 아직 정해지지 않았을 수도 있고요. 하지만 무엇이 핵심감정인지 생각해보는 것만으로도 우리 감정은 조금 더 건강해질 수 있다고 합니다.

☺ 잘못된 감정에 휘둘려 대화하지 않기

핵심감정을 알지 못한 채 무작정 화를 내고 힘으로 두려움을 주며 아이를 움직이려 할 때도 있지요. "밥을 또 남기면 어떡해! 너 이 쌀 사려고 고생해서 돈 버는 아빠 생각은 안 하니? 너 한 번만 더 남기면 가만 안 둬!"라고 소리를 높였다고 해볼까요? 감정의 원인은 화가 나거나 짜증이 나서가 아닐 수도 있어요. "밥은 남기지 않고 다 먹는 거야"라는 것을 가르쳐주고 싶고 고쳐주고 싶은데 잘 안 되어 답답함을 느낀 것일 수도 있어요. 후자라면

화를 내기보다 감정의 본래 목적에 충실하게 이야기해야 효과적입니다.

"밥을 조금 먹으면 키 크는 데 도움이 안 돼. 싹싹 긁어서 다 먹자."

만약 아이를 가르치고 싶은 게 진짜 목적인데 '폭발'만 하면 목적 달성은 어려워지고 화를 낸 후 부정적 감정만 고스란히 남게 됩니다.

감정에 휘둘리지 않아야 상황 판단도 잘할 수 있고 해결책도 떠오를 수 있어요. 후회할 말을 남길 만한 부정적인 감정에 휘둘리지 않고, 화가 좀 가라앉은 뒤 대화를 해보세요. 비난만 쏟아내면 아이 귀는 그대로 닫혀버리고 맙니다. 대화 목적에 맞게 이야기해야 가르칠 수도 있습니다.

☺ 과열된 감정에 멈춤 신호를 보내요

한 개그 프로그램에서 이런 유행어가 있었지요. "느낌 아니까." 과열된 감정에 멈춤 신호를 보낼 때도 이 말을 떠올려보세요. 말도 습관이듯 감정도 마찬가지입니다. 화를 폭발시키는 것도 습관이 되면 멈추기가 쉽지 않아요. 하지만 연습하면 과열된 감정에도 '멈춤' 신호를 보낼 수 있어요. '지금 내가 화를 많이 내고 있구나' '또 화를 내고야 말았네' 싶을 때 '폭발하고 나면 또 후회하게 될 거야' 같은 생각을 하며 되뇌어보세요. "그래, 멈추자."

화를 낸 이후 상황을 우리는 많이 반복해봤어요. 화를 내는 게 소용없었다는 경험과 화내고 나면 꼭 후회하더라는 것을 떠올리며 감정조절을 해보세요.

아이가 자꾸 울고 짜증 낼 때 정말 폭발할 것 같으면 잠시 심호흡을 하고 화낸 이후 상황을 생각해보세요. '아까 배 아프다고 하더니 밥을 못 먹었지. 배가 고프면 아이가 좀 예민해지잖아. 그래서 짜증이 심한 것 같아'라며 아이 처지에서 생각해보는 것도 좋은 방법입니다. 예를 들어 화가 났을 때 '화를 내봐야 나중에 꼭 애한테 미안해져서 후회하잖아? 화를 가라앉히고 대화로 해결해보자' 하며 과열된 감정에 진정 브레이크를 밟아보세요.

결정적으로 길게 화내봐야 아이들은 기억용량이 적어 다 기억하지도 못합니다. 또 금세 잊어버리고 잘 알아듣지 못할 때도 많습니다. 부모 처지에서 생각해보면, 우리 감정이 달라지면 바라보는 세상 풍경도 달라지잖아요. 연습하면 감정을 알아차리고 다루는 것도 조금씩 능숙해질 수 있다는 것을 믿고, 감정이 과열되었다면 멈춤 신호를 보내세요. 간절하다면 할 수 있습니다.

소중한 나를 위한
'자기공감하기'

부모인 나를 있는 그대로 사랑하고 안아주세요. 아이들에게 공감과 사랑을 받고 있는 소중한 존재입니다.

아이에게는 잘못할 수 있다고 다독이고, 남이라면 금세 용서했을 실수의 잣대를 자신에게만 유난히 엄격하게 적용하지는 않나요? '난 왜 이것밖에 못하지?' 하며 자신에게만 기준을 높이 세우고 자기비난을 하지는 않나요?

아이 마음만 챙기다 보면 정작 부모 마음은 돌보지 못할 때가 많습니다. 자꾸만 아이 키우는 게 힘들다고 느껴지고 부모로서 만족감도 낮아질 때 어떡하면 우리를 따뜻하게 격려할 수 있을까요?

 지금 내 모습을 아끼고 사랑하는 것이 '자기공감'

지금 그대로 내 모습을 사랑하고 다독이는 것이 '자기공감'입니다. 자기공감을 잘하는 사람은 지나간 일을 후회하기보다 앞으로 더 잘하기 위한 계획을 세우는 것에 집중하고, 현재 하는 일에 만족감을 느끼며, 자기 능력을 믿고 적극적으로 실천합니다. 그래서 자기공감을 잘하는 사람은 어려움을 딛고 일어서는 '회복탄력성'도 높아요.

자기공감을 잘한다는 것은 '나를 소중히 생각하고 조심스럽게 다루는 것'이기도 해요. 그러니 실수했더라도, 서툴더라도 자신을 너무 엄격하게 판단하지 말고 친절하게 대해보세요. "나만 못하는 것은 아니야. 이 정도면 열심히 했어" "다음에는 더 잘하면 되지"라고 말이에요.

부모를 넘어 하나의 인간으로서 자기 자신을 사랑하고 아낄 줄 아는 것이 자기공감을 하는 데 아주 중요합니다. "나 지금 이대로도 좋아" "실수해도, 덤벙대도 초보 엄마니까 그럴 수 있어" "나는 요리를 잘하는 재주는 없지만 아이랑 재미있게 놀아주는 것은 잘해"라며 셀프 칭찬도 해주세요. 부모로뿐만 아니라 하나의 인간으로서 내 존재도, 감정도, 손길이 닿은 것 모두가 소중하다고 의미를 부여할 줄 알아야 있는 그대로 내 모습을 아끼고 사랑할 수 있습니다.

공감받는 순간의 '행복'에 감사해요

힘든 일이 생겨 혼자 끙끙 속앓이를 하게 될 때 스스로 위로하는 능력도 중요합니다. 자기 위로는 어려운 문제나 감당하기 힘든 부정적 감정이 밀려들 때 적극적으로 자신이 가진 것들을 사용해 불안감이나 우울감을 줄일 수 있는 능력을 말합니다. 나를 잘 위로하는 것은 물론 남이 위로해주는 것을 잘 받아들이는 것도 포함된다고 하지요.

부모도 힘들거나 마음이 허할 때 아이에게 안아달라고 해보세요. "엄마 오늘 너무 힘들었어. 안아줘." 포근하게 안아주는 아이가 있어 마음도 따뜻해질 수 있습니다. 이러한 신체접촉도 자기 위로에 도움이 된다고 합니다.

또 내가 얼마나 외로운지, 슬픈지 힘든 감정을 드러내는 것도 도움이 된다고 합니다. "엄마가 좀 슬프다" "우리 아들이 하루 종일 집에 없어서 엄마가 보고 싶었어." 때로는 감정을 자연스럽게 표현해보세요. 아이에게 공감을 받으면서 상상 이상으로 위안을 받기도 하고 '지금 내 마음이 이렇구나' 하고 더 깊이 깨달을 수도 있어요.

부족해 보여도 부모인 나를 있는 그대로 사랑하고 안아주세요. 우리도 아이들에게 얼마나 많은 공감과 사랑을 받고 있는 소중한 존재인지 깨달았으면 합니다. 공감의 눈으로 바라보면 아이의 말과 행동에서 나오는 온기를 온몸 가득 느낄 수 있어요.

(기침하는 엄마에게) "엄마 추워? 내가 옷 가져다줄까?"
(맛있는 간식이 생겼을 때) "아빠, 이거 같이 먹어요."

공감하고 공감받는 감사한 순간을 잊지 않을 때 우리를 향해 미소 짓는 행복과 마주할 수 있습니다. 지금부터 공감육아의 세계로 즐겁게 발을 내디뎌볼까요?

■ 독자 여러분의 소중한 원고를 기다립니다

메이트북스는 독자 여러분의 소중한 원고를 기다리고 있습니다. 집필을 끝냈거나 집필중인 원고가 있으신 분은 khg0109@hanmail.net으로 원고의 간단한 기획의도와 개요, 연락처 등과 함께 보내주시면 최대한 빨리 검토한 후에 연락드리겠습니다. 머뭇거리지 마시고 언제라도 메이트북스의 문을 두드리시면 반갑게 맞이하겠습니다.

■ 메이트북스 SNS는 보물창고입니다

메이트북스 홈페이지 www.matebooks.co.kr

책에 대한 칼럼 및 신간정보, 베스트셀러 및 스테디셀러 정보뿐만 아니라 저자의 인터뷰 및 책 소개 동영상을 보실 수 있습니다.

메이트북스 유튜브 bit.ly/2qXrcUb

활발하게 업로드되는 저자의 인터뷰, 책 소개 동영상을 통해 책에서는 접할 수 없었던 입체적인 정보들을 경험하실 수 있습니다.

메이트북스 블로그 blog.naver.com/1n1media

1분 전문가 칼럼, 화제의 책, 화제의 동영상 등 독자 여러분을 위해 다양한 콘텐츠를 매일 올리고 있습니다.

메이트북스 네이버 포스트 post.naver.com/1n1media

도서 내용을 재구성해 만든 블로그형, 카드뉴스형 포스트를 통해 유익하고 통찰력 있는 정보들을 경험하실 수 있습니다.

STEP 1. 네이버 검색창 옆의 카메라 모양 아이콘을 누르세요. STEP 2. 스마트렌즈를 통해 각 QR코드를 스캔하시면 됩니다.
STEP 3. 팝업창을 누르시면 메이트북스의 SNS가 나옵니다.